Ana Kugli

Bei uns in Pforzheim

Geschichten & Anekdoten

Wartberg Verlag

Impressum

Bildnachweis:
Das Titelbild zeigt den Leopoldplatz in Pforzheim zu Beginn der 50er-Jahre.
Archiv Marionettenbühne Mottenkäfig: S. 71, 79.
Archiv Pforzheimer Kinobetriebe: S. 20, 22, 23, 24, 26, 28.
Archiv Pforzheimer Kurier: S. 74, 75, 76, 77, 78.
Sammlung Historischer Nahverkehr Pforzheim e.V.: S. 1, 44, 46, 48.
Stadtarchiv Pforzheim: Titel (Otto Kropf), S. 11 (Otto Kropf), 13 (Otto Kropf), 17 (Otto Kropf), 36, 67 (Stbst Wendel).
Ullstein Bildarchiv: S. 8 (Keute), 18, 42 (Scheffbuch/CARO).
Dieter Huwald: S. 50/51, 52, 54/55, 58.
Otto Rothermund: S. 31.
Janusch Tschech: S. 6, 37, 40.
Privat: S. 34, 69, 62, 64.

Wir danken allen Lizenzgebern für die freundliche Abdruckgenehmigung. In Fällen, in denen es nicht gelang, Rechtsinhaber an Abbildungen zu ermitteln, bleiben Honoraransprüche gewahrt.

Ein herzliches „Dankeschön!" an alle, die mich bei der Arbeit an diesem Buch freundlich unterstützt haben: Mike Bartel, Pforzheimer Kurier; Ilse Bischoff; Angela Blonski; Wolfgang Bürger, Marionettenbühne Mottenkäfig; Philipp Furrer; Maria-Luise Geiger, Pforzheimer Kinobetriebe; Dr. Christian Groh, Stadtarchiv Pforzheim; Dr. Heide Hammel; Manfred Klinner, Stadtarchiv Pforzheim; Reiner Kohler; Birgit Metzbaur; Raphael Mürle, Figurentheater Raphael Mürle; Brigitte Eva Popp, Pforzheimer Kinobetriebe; Prisca Rothermund; Otto Rothermund; Jolanda Rothfuß; Heinz Schober; Kurt Schwab, Historischer Nahverkehr Pforzheim e.V.; Christoph Senger, Polizeidirektion Pforzheim; Janusch Tschech; Ruth Witzenmann

Layout: Attila Jo Ebersbach, Kassel
Druck: Hoehl-Druck Medien + Service GmbH, Bad Hersfeld
Buchbinderische Verarbeitung: Buchbinderei Büge, Celle
© Wartberg Verlag GmbH & Co. KG
34281 Gudensberg-Gleichen, Im Wiesental 1
Telefon (0 56 03) 9 30 50
www.wartberg-verlag.de
ISBN: 978-3-8313-2131-5

Inhalt

Vorwort

ES IST SO EINE SACHE mit Pforzheim und den Pforzheimern. Die rund 120 000 Einwohnerinnen und Einwohner, die die Goldstadt heute zählt, tun sich oft schwer damit, sich mit ihrer Stadt zu identifizieren, die bestenfalls als herbe Schönheit gelten kann.

„Pforzheim wurde im Krieg fast vollständig zerstört", hört man sich erklären, wenn man mit einem Gast durch die Innenstadt schlendert. Die Architektur der 50er-Jahre bestimmt das Stadtbild, eine Altstadt mit verwinkelten Gässchen und alten Häusern gibt es nicht mehr. Die Nähe zum Schwarzwald hebt man hervor, erwähnt die Leistungen des Pforzheimer Humanisten Reuchlin, verweist auf die weltbekannte Schmuck- und Uhrenindustrie, und am Ende weiß man nicht so recht, ob man den Gast oder sich selbst von den Qualitäten der Stadt zu überzeugen versucht.

Nun, Pforzheim ist nicht unbedingt hässlicher als andere deutsche Städte, die in den Jahrzehnten nach 1945 eine ähnliche Entwicklung erfahren haben. Warum gerade hier der Lokalpatriotismus weniger ausgeprägt scheint als anderswo, ist eine Frage, die dieses Buch nicht beantworten kann. Aber es serviert Interessierten eine kleine, feine Auswahl an Geschichten, die an bemerkenswerte, an glanzvolle, an amüsante Episoden in der jüngeren Vergangenheit dieser Stadt erinnern, großteils der späten 40er- bis 60er-Jahre. Denn keineswegs muss man bis in die Zeiten Reuchlins zurückschauen, um festzustellen, dass es durchaus schön sein kann: bei uns in Pforzheim.

Ana Kugli

Ein Blick vom „Monte Scherbelino"
Pforzheims Trümmerberg

AN SONNIGEN SONNTAGEN trifft man auf dem Pforzheimer Wallberg im Westen der Stadt die unterschiedlichsten Zeitgenossen: Omas und Opas, die mit ihren Enkeln den steilen Weg erklimmen, junge Familien, bei denen der Papa den Kinderwagen schiebt, alte Freundinnen, die beim Spaziergang Klatsch und Tratsch austauschen, Händchen haltende Teenager, denen man ansieht, dass sie hier oben auf den Sonnenuntergang warten. Hat man die 417 Meter Höhe erstiegen, genießt man einen einmaligen Ausblick über die Innenstadt, die Stadtteile von Brötzingen bis hinauf zum Haidach und angrenzende Dörfer und Gemeinden. Fast gewinnt man den Eindruck, über Pforzheim zu schweben.

Stunden verbringen Kinder hier damit, nach der Straße Ausschau zu halten, in der sie wohnen, das Haus des besten Freundes mit den Augen zu suchen oder mit dem Finger in die Luft zu deuten, wo ihre Schule sich befindet. Irgendwie scheinen einem die Sorgen, denen man sich in den Niederungen stellen muss, hier oben leichter. Wenn schon die großen Kirchen und mächtigen Fabrikhallen aus dieser Perspektive so zwergenhaft klein scheinen, wie winzig sind da erst die Ärgernisse des Alltags. Umgekehrt sieht man den Wallberg von fast allen Perspektiven der Stadt aus, er ist ein markanter Punkt, an dem man sich orientieren kann.

„Wallberge" gibt es in vielen Städten Deutschlands, und ihr Name deutet auf den römischen Ursprung hin. Das Pforzheimer Exemplar bot schon den Römern einen guten Überblick über die viel genutzte Römerstraße vom heutigen Ettlingen nach Cannstatt. Später trug man in den Steinbrüchen an der Nordwestseite der Kuppe Muschelkalk ab, der meist für den Straßenbau verwendet wurde. Ein Kleinkaliberschießstand befand sich bis 1945

Der Wallberg von der Stadt aus gesehen.

in einem älteren Bruch an der Südwestseite des Berges, oberhalb der Wallbergstraße. Im selben Jahr wurde hier auch ein Wehrmachtsbunker gesprengt, der 1938 errichtet worden war.

Der Wallberg war schon zu allen Zeiten ein beliebtes Ausflugsziel für alle Generationen. Aber die Höhe des Bergs betrug ursprünglich nur 378 Meter. Die rund 40 Meter, die der Wallberg an Höhe dazugewonnen hat, bestehen aus den Trümmern der Stadt nach dem Luftangriff vom 23. Februar 1945.

2,3 Millionen Kubikmeter Schutt wurden in den Jahren nach 1945 bewegt, Trümmer, die einmal Pforzheim gewesen waren. Mit bloßen Händen hatte man zunächst die wichtigsten Straßen geräumt, ab August 1945 waren dann Schaufeln, später auch Bagger und Lokomotiven, ab 1949 Lastwagen verfügbar. Mit einer Trümmerbahn, für die man provisorische Gleise verlegte, transportierte man den Schutt ins Brötzinger Tal. 1952 begann man, den Trümmerschutt auf dem Wallberg abzuladen, weil kein anderes Gelände mehr dafür zur Verfügung stand. Bis 1965 schüttete man rund 1,65 Millionen Kubikmeter Erd- und Schuttmasse auf. Im Volksmund heißt der Berg deshalb bis heute Monte Scherbelino.

„Das waren nicht bloß Steine", wussten die Pforzheimer. Auch menschliche Überreste befanden sich unter den Trümmern. Der Monte Scherbelino wurde von nun an als Trauerberg wahrgenommen, an dem man der persönlichen Verluste, aber auch der Ursachen des Krieges gedachte. Eine Gedenkplatte erläuterte Stadtfremden später, an was für einem Ort sie sich befanden.

Und obwohl der Berg nun für die Pforzheimer eine besondere Anhöhe war, kehrte mit den Jahren der Alltag wieder ein: Die Spaziergänger kamen sonntags, Kinder erlebten den Monte Scherbelino als aufregendes Spielgelände, Ausflügler tranken einen Kaffee im Café Sinzenich und erfreuten sich danach an dem wunderbaren

Anblick der Stadt aus luftiger Höhe. Die Aussicht von
damals kann man heute nur vage nachempfinden: Wo-
hin das Auge reichte, vom Hang des Wallbergs bis zum
Hachel hinüber, blickte man auf Wiesen und Natur. Inzwischen ist das Gebiet bebaut.

2005, auf den Tag genau 60 Jahre nach der Zerstörung
Pforzheims durch den Luftangriff, errichtete man Erin-
nerungsstelen auf dem Wallberg, welche die Besonder-
heit dieses Ortes für die Pforzheimer hervorheben. Der

Verein Pforzheim Mitgestalten hat dieses Projekt zusammen mit der Löblichen Singerge-sellschaft von 1501, dem Verkehrsverein Pforzheim und der Bürgerinitiative Wallberg realisiert. Die fünf Stelen, von der Ferne aus sichtbar, zeigen Bilder der alten, der zerstörten und der wieder aufgebauten Stadt.

Und auch an diesem Wochenende, wenn es sonnig ist, werden Junge und Alte, Pforzheimer und Auswärtige den steilen Weg auf den Monte Scherbelino nicht scheuen. Der Ausblick wird sie für die Mühen des Aufstiegs entschädigen.

Fünf Stelen errichtete man 2005 auf dem Monte Scherbelino.

„Es war schon eine kleine Sensation"
Das Pforzheimer Seifenkistenrennen 1949

VIELLEICHT WAR ES die Hitze dieses Tages, die die Menschen nach draußen und zu dieser Veranstaltung lockte. Vielleicht waren erfreuliche Ereignisse in der Nachkriegszeit noch so spärlich gesät, dass man jede Gelegenheit ergriff, um sich von den Alltagssorgen ablenken zu lassen. In der Nachschau jedenfalls überrascht, dass es einem Seifenkistenrennen im Sommer 1949 in Pforzheim gelang, einen Zuschauerrekord aufzustellen. Über 20 000 Menschen sammelten sich am 11. Juli 1949 entlang der 800 Meter langen Rennstrecke, die vom Café Hasenmayer am Wartberg über die Brettener Straße zur Nordstadtschule führte. Die Eis- und Limonadenverkäufer hatten alle Hände voll zu tun, die Besucher zufriedenzustellen.

„Das war kein Kunststück, es hat ja sonst nichts gegeben", erklärt der heute 85-jährige Heinz Schober bescheiden, wenn man ihn fragt, warum das von ihm organisierte Seifenkistenrennen so erfolgreich war. Schober war, aus dem Krieg zurückgekehrt, Lehrling bei Opel Hauser. Der amerikanische Mutterkonzern von Opel, General Motors, trug Ende der 40er-Jahre an die deutschen Opel-Vertretungen die Idee heran, Seifenkistenrennen in ihrer Stadt zu veranstalten. Da Heinz Schober als Vorsitzender der Pforzheimer Gesellschaft der Jugend (GdJ) im 1947 gegründeten Kreisjugendausschuss mitwirkte, lag es für den Opel-Chef nahe, dass Heinz Schober die Durchführung und Gestaltung des Rennens in die Hand nehmen sollte.

Die Opelhäuser und -werkstätten boten den Kindern und Jugendlichen, die an dem Rennen teilnehmen wollten, die Achsen und kleinen Räder zu einem Sonderpreis an. Denn die „Autole" waren natürlich Eigenproduktionen der jungen Rennfahrer. „Manche haben einfach ein

Die jungen Rennfahrer mit ihren unterschiedlichen
Seifenkisten am Café Hasenmayer.

Brett und eine Kinderbadewanne auf die Achsen und Räder gesetzt", erinnert sich Heinz Schober lachend. Das
Spektrum der Fahrzeuge war außergewöhnlich breit in
Farbe und Form. Während einige der Seifenkisten, ihrer
Zeit voraus, pfeilförmig die Aerodynamik ausnutzten,
waren andere minimalistisch, wieder andere klobig und
fast traktorförmig gebaut. Stunden über Stunden hatten die Buben – und einige wenige Mädchen – mit den
Vorbereitungen zugebracht, hatten gesägt, gehämmert,
geschraubt, gefeilt und gelötet, bis alles rund lief.
Die Ausschreibung für die Veranstaltung hielt genau
fest, welche Vorschriften die Fahrzeuge erfüllen mussten, um am Rennen teilnehmen zu dürfen. „Einen Tag

vor dem eigentlichen Seifenkistenrennen gab es eine Abnahme, bei der die Fahrzeuge gewogen und gemessen wurden", erzählt Schober. Rund 1000 Zuschauer fanden sich allein schon zu dieser Abnahme ein, die auf dem Schober'schen Gelände an der Zerrennerstraße erfolgte, wo sich heute das Central-Parkhaus Schober und die Tankstelle befinden. „In Pforzheim war zu dieser Zeit noch nicht viel geboten, das Rennen war eine kleine Sensation für die Stadt."

Umso wichtiger war es Heinz Schober, das Seifenkistenrennen zu einer rundum gelungenen Veranstaltung werden zu lassen. „Einen großen Beitrag dazu leistete Major Raymond Lascoe", hebt Schober hervor. Lascoe war seit 1947 der Gouverneur der örtlichen US-Militärregierung. Er unterstützte Schobers Bemühungen nachhaltig.

Schober suchte Autofirmen, die bereit waren, Reparaturzelte für die jungen Fahrer aufzustellen. Die Teilnehmer starteten außerdem auf einer beachtenswerten Rampe. „Es bedeutete eine ungeheure Anstrengung zu dieser Zeit, allein diese Rampe zu realisieren! Bis das Material organisiert war und ein Zimmermann, der uns die Rampe zusammenbaute – kosten durfte es ja nichts", erinnert sich Heinz Schober, der sich an den bekannten Solitude-Rennen orientierte. Deshalb gab es vor dem Rennen auch einen Autokorso mit neuen Automobilen, den der ADAC zur Veranstaltung beitrug.

Und so entwickelte sich das Seifenkistenrennen an diesem sonnigen Julitag im Jahre 1949 zu einem richtigen Volksfest für Jung und Alt. Über die große Anzahl an Zuschauern freuten sich die 95 jungen Fahrer des Rennens am meisten. Einige von ihnen waren aus den Dörfern des Landkreises nach Pforzheim gekommen, das Gros der Teilnehmer waren Städter.

Entlang der Rennstrecke wurden Lautsprecher aufgebaut, sodass die Zuschauer den Verlauf mitverfolgen

*Mit bis zu 50 Stundenkilometern schossen die
Seifenkisten in die Zielgerade ein.*

konnten. Die jungen Rennfahrer traten in drei Alters-
klassen gegeneinander an. Der stellvertretende Militär-
direktor Milton Rosner hob die Flagge zum Start, während die Buben und Mädchen konzentriert, verbissen
oder lächelnd auf das Signal warteten, um endlich zu
zeigen, wofür das Training der letzten Wochen gut war.
Und dann brausten sie los. Mutig rollten sie mit Ge-
schwindigkeiten bis zu 50 Stundenkilometern die Straße hinab bis zur Ziellinie, wo Helfer mit Stoppuhren
die gefahrene Zeit festhielten. Freilich ging die eine
oder andere Seifenkiste zu Bruch und der Traum vom

Sieg erwies sich als Seifenblase. Doch Blessuren und Verletzungen blieben harmlos, die Wutränen einzelner Teilnehmer schmerzten mehr als die aufgeschürften Ellenbogen.

Die Kurven der Rennstrecke waren übrigens eigens mit Strohballen ausstaffiert worden, um eventuell von der Strecke Geratene vor Verletzungen zu schützen. Allerdings hatten sich Anwohner in der Nacht vor dem Rennen offenbar bedient, sodass sich etliche Kaninchen und Hasen der Umgebung über echtes „Rennfahrerstroh" in ihren Ställen freuen durften.

Strahlender Gewinner des Gesamtrennens und damit der schnellste Rennfahrer Pforzheims wurde der 14-jährige Roland Pauer aus Ispringen. Er benötigte für die Strecke 1,21 Minuten und legte damit einen Stundendurchschnitt von rund 40 Kilometern vor. Den zweiten Platz belegte der 9-jährige Horst Gerl aus Pforzheim, Platz drei ging an den 12-jährigen Pforzheimer Rolf Stemmler.

Das Seifenkistenrennen war so erfolgreich, dass Heinz Schober auch im darauffolgenden Jahr bereit war, eine Veranstaltung dieser Art zu organisieren. „Und bei diesem Mal wollte ich den Ablauf und diese besondere Stimmung für die Nachwelt festhalten", so Schober. Drei Personen gab es nach dem Krieg in Pforzheim, die noch eine 12-Millimeter-Filmkamera ihr Eigen nennen konnten. Schober überredete jeden von ihnen, ihre Geräte für den Tag zur Verfügung zu stellen.

„Es gab aber nirgends Film, den wir hätten verwenden können", erzählt Schober. Verwandte in Holland wurden kontaktiert, eine Ausreisegenehmigung beantragt. Heinz Schober fuhr in die Niederlande, um eigenhändig Film zu beschaffen. „Die Filme dann über die Grenze zu bringen, war nicht unproblematisch", berichtet er zu den Hindernissen, doch schließlich gelang ihm auch das.

Am Veranstaltungstag – auch dieses Mal hatten sich Tausende Zuschauer bei strahlendem Sonnenschein eingefunden – positionierte er drei Helfer mit je einer Kamera an unterschiedlichen Standorten, um den Ablauf des zweiten Seifenkistenrennens zu filmen. Und das taten diese fleißig. „So hatten wir zwar viel Material, aber wir wussten nicht, wie man daraus einen Film zu machen hatte", erinnert sich Schober. Im Nachhinein schrieb er ein Drehbuch, das die Aufnahmen des Rennens in eine Rahmenhandlung einband.

„Das bedeutete, dass wir Szenen nachdrehen mussten." Die Beleuchtung des Stadttheaters wurde zu diesem Zweck ausgeliehen, junge „Amateurschauspieler" ausfindig gemacht, die eine Geschichte rund um den Bau einer Seifenkiste spielten. Und so entstand eines der frühesten Filmdokumente aus dem Pforzheim der Nachkriegszeit. Der Film ist auf der 2006 vom Stadtarchiv herausgegebenen DVD „Pforzheim Moments" enthalten.

„Das war eine schöne Zeit", betont Heinz Schober, der nach diesem zweiten Seifenkistenrennen 1950 kein weiteres mehr organisierte. Und auch sonst fand sich niemand, der in seine Fußstapfen treten und die Veranstaltung in dieser Größenordnung weiterführen wollte. Kleinere Seifenkistenrennen gab es ab und an auf den umliegenden Dörfern. „Man rief mich an und fragte: Wie hast du das organisiert? Wo hattest du jenes her?", sagt Schober, der dann gerne Auskunft gab. Der Zauber, der vom ersten Seifenkistenrennen 1949 ausging, war indes nicht so leicht nachzuahmen.

„I glaub, mit dem kammer schwätze!"
Papa Heuss in Pforzheim

„WIR HATTEN DAS GEFÜHL, das ist einer von uns",
erzählen die Pforzheimer, die damals dabei waren. Tausende säumten die Straßen, füllten den Marktplatz und
lauschten aufmerksam, was ihnen der große Politiker
inmitten der Rathausruine zu sagen hatte: Bundespräsident Theodor Heuss.
Pforzheim schrieb den 1. Juni 1950. Oberbürgermeister
Johann Peter Brandenburg nahm den hohen Besuch an
der östlichen Autobahnausfahrt in Empfang und fuhr
mit ihm durch Eutingen nach Pforzheim zunächst ins
Hotel Ruf. Neun stattliche Automobile bildeten die En-
tourage.
Für die vom Krieg gezeichnete Stadt war es eine besondere Geste, dass der erste Präsident der Bundesrepublik
sie besuchte. Tatsächlich konnte der Heilbronner Heuss, dessen Heimatstadt im Krieg ebenfalls fast gänzlich
zerstört worden war, das Gefühl der Pforzheimer unmittelbar ansprechen. Das hatte er bereits im Februar 1946
unter Beweis gestellt, als er, zu diesem Zeitpunkt Kul-
tusminister des Landes Württemberg-Baden, in Pforzheim gewesen und in der Brötzinger Turnhalle zum The-
ma „Deutsches Schicksal, deutscher Glaube" referiert
hatte. Umso erfreuter waren die Pforzheimer, dass Heuss sie auch als Bundespräsident besuchte.
Nach dem offiziellen Empfang im Hotel Ruf trug sich
Theodor Heuss ins Goldene Buch der Stadt ein. Dann
zog er an den Marktplatz – durch die Beifall klatschende
Menge, vorbei an Menschen, die aus den Fenstern
winkten oder auf Fassaden geklettert waren, um einen
besseren Blick auf das Staatsoberhaupt zu erhaschen.
In den spärlichen Überresten des Rathauses hatte man
ein Rednerpult und Fahnen installiert. Allein schon die
Kulisse weckte tiefe Emotionen.

*Theodor Heuss sprach 1950 inmitten der zerstörten
Stadt zu den Pforzheimern.*

„Ich stehe vor Ihnen als ein Bürger unter Ihnen, der
spürt, was Sie gelitten haben. Ich weiß, dass Sie hier
hergekommen sind aus dem Gefühl heraus, den Glauben
an sich selber bestätigt zu erhalten durch unser gemein-
sames Zusammensein. Und das ist mehr als alles Heil,
Hurra und Bravo", rief Heuss den Menschen zu, die ihm
auf dem Marktplatz zujubelten. Eindringlich nahm er in
seiner Ansprache zur Lage der Stadt Stellung und forderte insbesondere Arbeitsplätze für die Jugend.
Rund eineinhalb Stunden verbrachte der Bundespräsident in Pforzheim, bevor er nach Karlsruhe weiterreiste.

Bei den Menschen hatte er trotz der kurzen Zeitspanne großen Eindruck hinterlassen. „I glaub, mit dem kammer schwätze!", waren sich viele Pforzheimer einig. Auch die lokalen Zeitungen betonten, dass der Besuch ein „Tag der Aussprache zwischen dem Staatsoberhaupt der Bundesrepublik Deutschland und der Bevölkerung unserer schwer geprüften Stadt" gewesen war. Der Pforzheimer Kurier berichtete von dem Besuch als einem Ereignis, das „jedem Miterlebenden lange in Erinnerung bleiben" würde.

1955, zu den Feierlichkeiten anlässlich des 500. Geburtstages von Johannes Reuchlin, kam Bundespräsident Theodor Heuss übrigens wieder in die Goldstadt. Er wohnte der Verleihung des ersten Reuchlinpreises in der Jahnhalle bei und besuchte eine Ausstellung im Industriehaus. Von der Bevölkerung wurde er erneut freundlich willkommen geheißen.

Bundespräsident Heuss war so beliebt, dass ihn die deutsche Bevölkerung „Papa Heuss" nannte.

Auf Zelluloid gebannte Träume

Pforzheims „Kinokönig" Kurt Geiger

GLAMOURÖS MÜSSEN sie gewesen sein, die 50er-
und 60er-Jahre in Pforzheim, als Filmstars wie Bibi
Johns oder Nadja Tiller, Hans Albers oder Heinz Erhardt durch die Straßen der Stadt kutschierten und den
jubelnden Pforzheimern Autogramme gaben. In diesen
längst vergangenen Zeiten beginnt die Erfolgsgeschichte eines Mannes, der wie kein Zweiter Pforzheimer Ki-
nogeschichte geschrieben hat: Kurt Geiger.

Der am 29. Juni 1915 geborene Pforzheimer wurde nach
einer kaufmännischen Lehre bei Rupp & Co. 1935 Vo-
lontär bei den LiLi-Lichtspielen, die schon vor dem
Ersten Weltkrieg bestanden hatten. Weitere Stationen
seiner Tätigkeit als Filmtheaterleiter waren Darmstadt,
Stuttgart, München und Mannheim. „Er hat alles von
der Pike auf gelernt", erzählt Kurt Geigers Frau Maria-
Luise. Das Paar heiratete 1951.

Nach dem Zweiten Weltkrieg war die Sehnsucht der
Menschen nach Kultur und Unterhaltung überaus
groß. Ab Oktober 1945 zeigte die Kinobetreiberin Irene
Schmid in der Turnhalle in Brötzingen meist amerikanische Filme. Die Brötzinger Lichtspiele lagen aber an
der Peripherie, die im Juli 1946 ins Leben gerufenen Ra-
beneck-Lichtspiele in Dillweißenstein ganz außerhalb
der Stadt.

Die Schwarzwald-Lichtspiele, die Kurt Geiger am 10.
Januar 1947 mit der „Glenn-Miller-Story" eröffnete,
schlossen zur Freude der Pforzheimer eine Lücke. In der
Turnhalle der ehemaligen Oberrealschule – des heutigen
Hebel-Gymnasiums – hatte Geiger 450 Sitzplätze eingerichtet, der Eingang befand sich an der Zerrennerstraße. Die Schwarzwald-Lichtspiele waren zu dieser Zeit
das einzige Kino im süddeutschen Raum, das über eine
Kino-Orgel verfügte.

Maria-Luise und Kurt Geiger.

Neben unpolitischen UFA-Produktionen wurden vor allem Hollywoodfilme gezeigt, die vornehmlich der Unterhaltung dienten. Auch Operettenverfilmungen waren bald sehr beliebt. Die Zuschauer kamen gerne ins Kino, freuten sich, wieder Filme sehen und erleben zu können. Nicht zuletzt bot das Kino ihnen die Chance, ihrem düsteren Alltag zumindest für kurze Zeit zu entrinnen.

Doch nicht nur Kinoabende wurden den Pforzheimern geboten, Kurt Geiger organisierte regelmäßig auch bunte Abende, Tanz-Matineen oder Operettenveranstaltungen. Ab Sommer 1947 waren so unter anderem das Roxy Ballett, der Komiker Werner Finck mit seinem Programm „Kritik der reinen Unvernunft", Artisten wie Fritz Winkler sowie Jazz- und Swing-Musiker zu Gast. Die Meisterschule für Mode aus München zeigte regelmäßig Modenschauen. Gastspiele aus Karlsruhe oder München, meist Operetten oder Schauspiele, fanden hier ihr Publikum. Die Schwarzwald-Lichtspiele bestanden bis 1954.

Ins eigentliche Herz der Goldstadt kehrte dank Geigers Engagement im Januar 1950 eine Kino-Institution zurück. Wo vor dem Krieg das LiLi seinen Platz gehabt hatte, eröffnete der Kinobetreiber das Roxy-Kino: im Hansa-Haus am Leopoldplatz.

Zunächst wurden Trümmer beseitigt, bevor am 25. Juli 1949 mit dem Bau begonnen wurde. Rund 80 Arbeiter waren gleichzeitig im Einsatz, um das ehrgeizige Projekt Wirklichkeit werden zu lassen. Jeden Tag machten die Handwerker Überstunden und arbeiteten auch samstags bis 18 Uhr.

Architekt Theo Preckel schuf mit dem Roxy ein „architektonisches Meisterstück", wie die Pforzheimer Zeitung einen Tag vor der Eröffnung schrieb: Eine helle, mit Gold plattierte Bühne, über der die Leinwand platziert war, ein leuchtend roter Vorhang verdeckte diese bis zur Vorstellung. Die Seitenwände waren in dunkles Holz gefasst und wie die Decke gefaltet, was eine bes-

21

Die Platzanweiserinnen auf der Bühne des Roxy-Kinos.

sere Akustik bewirkte, weil man dadurch einen Nach-hall des Tones vermeiden konnte. Rund 600 Sitzplätze bot der neue Kinosaal. „Auf Ausstattung hat er immer großen Wert gelegt", berichtet Maria-Luise Geiger über ihren Ehemann. Das galt für jedes Detail und bis hin zu den Kleidern der Platzanweiserinnen.

Zur Eröffnung am 18. Januar 1950 lud Kinobetreiber Geiger ausgewählte Gäste ein. Die lokalen Zeitungen feierten die Eröffnung als „das große Ereignis der Wo-che" und als „Sensation des Tages". Das Roxy erfreute sich in der Bevölkerung großer Beliebtheit. „Um Kar-ten musste man sich rechtzeitig bemühen", erzählen die Pforzheimer Kinogänger von damals. „Man konnte nicht einfach so am Abend hingehen und Karten kau-

Das Rex (vor dem Umbau).

fen." Bis heute erinnern sie sich daran, dass Kurt Geiger im schicken Anzug mit Krawatte auf die Kinobesucher wartete, sie mit Handschlag begrüßte und meist auch nach den Vorstellungen verabschiedete.

Es war aufgrund der zahlreichen Besucher des Roxy naheliegend, einen weiteren Kinosaal in der Pforzheimer Innenstadt entstehen zu lassen. Auf dem Grundstück des ehemaligen Hotels Sautter in der Bahnhofstraße realisierten Kurt Geiger und Architekt Theo Preckel das Kino Rex, das am 6. Februar 1953 mit dem Hans-Albers-Film „By by Kapitän" feierlich eröffnet wurde. Die Fachwelt lobte das Haus als eines der schönsten Kinos der Bundesrepublik, insbesondere die Deckenkonstruktion als Sternenhimmel fand große Anerkennung.

Als drittes Kino eröffneten die Filmtheaterbetriebe Geiger 1954 das Rio-Kino in der Westlichen Karl-Friedrich-Straße, gegenüber dem Benckiser-Park. Auch dieses Kino wurde von Theo Preckel gebaut. Die große Cinemascope-Leinwand galt, wenn auch nur für kurze Zeit, als die größte Filmwand im Ländle. 650 Zuschauer konnten hier Platz nehmen.

In den drei Filmtheatern, die alle den Anfangsbuchstaben R im Namen trugen, gab es insbesondere in den 50er- und 60er-Jahren des vorigen Jahrhunderts nicht nur Filme zu sehen. Erahnen lassen sich diese Zeiten, wenn man Geigers Gästebücher durchblättert. Fast wie ein Tagebuch dokumentieren diese, wer über all die Jahre hinweg in der Goldstadt zu Gast war. Neben den Autogrammen der Stars, die in eigens von einem Grafiker erstellten Zeichnungen eingebettet wurden, finden sich Vorankündigungen und Rezensionen zu den Veranstaltungen sowie zahlreiche Fotos.

Christine Kaufmann war als Kinderstar in Pforzheim und trug sich in das Geiger'sche Gästebuch ein.

„Die Verleihfirmen haben die Stars zu uns geschickt, um ihre neuen Filme zu bewerben", erläutert Maria-Luise Geiger. „Sie traten nach der Filmpremiere auf die Bühne und gaben den Zuschauern Autogramme. Danach hatten wir meist einen Empfang vorbereitet." Als einer der Ersten verewigte sich Peter Frankenfeld, der im Februar 1948 in den Schwarzwald-Lichtspielen auftrat, mit einem markigen Spruch in dem Gästebuch: „Man kann doch Herrn Geiger'n / keen Foto verweigern!" Noch viele Male gastierte Frankenfeld in Pforzheim.

Die Schauspielerin Christine Kaufmann, damals noch ein kleines Mädchen, stellte am 19. Mai 1953 ihren Film „Salto Mortale" vor. Als Dankeschön bekam sie, wie gewünscht, einen neuen Mantel, über den sie sich sehr freute. Einige Wochen später waren es dann die Kinderstars Sabine Eggerth, Peter Feldt und Klaus Kaap von „Pünktchen und Anton", die für lange Schlangen vor dem Roxy sorgten.

Im Rex gaben sich weitere Berühmtheiten die Klinke in die Hand. Am 24. November 1956 gastierte hier im Rahmen des bunten Abends „Mit Musik geht alles besser" der zu dieser Zeit 22-jährige Udo Jürgens. Auch Bibi Johns oder Vico Torriani – der übrigens seine eigene Salatsoße mitbrachte – gehörten Ende der 50er-Jahre zu den Besuchern des Rex.

Hans Albers stellte hier im Januar 1958 seinen Film „Das Herz von St. Pauli" vor. „Der Verleih hat uns ausdrücklich ermahnt, Hans Albers keinen Alkohol anzubieten", erinnert sich Maria-Luise Geiger. Den ganzen Abend lang ging das gut. Als Kinobetreiber Geiger am nächsten Morgen den Schauspieler dann aber im Hotel Ruf verabschieden wollte, meinte Albers: „Kommen Sie, wir bestellen uns ein Gläschen Sekt, ja?" Geiger umschiffte diese Klippe diplomatisch. „Ich trinke morgens keinen Sekt, vielen Dank", antwortete er Albers. Und so entsprach man der Anweisung des Filmverleihers.

1958 kam Hans Albers ins Rex, um für seinen Film „Das Herz von St. Pauli" die Werbetrommel zu rühren.

Heinz Erhardt bewarb im Dezember des Jahres 1958 seinen Streifen „Vater, Mutter und 9 Kinder" im Rex. Ob Willy Millowitsch, Rudi Carell, Chris Roberts oder Maria Schell – das Gästebuch der Geiger-Kinos liest sich wie ein Who is Who der deutschen Filmwelt jener Jahrzehnte. In den 60ern kamen Namen wie Karel Gott, Hans-Joachim Kulenkampff oder Klaus Kinski dazu. „Das waren für Pforzheim wirkliche Ereignisse. Riesige Menschenmassen standen vor den Kinos, um die Schauspielerinnen und Schauspieler zu sehen", so Maria-Luise Geiger.

Der große Einschnitt kam mit dem Fernsehen. Die Stars traten nun vor einem Millionenpublikum in Fernsehshows auf und mussten nicht mehr von Stadt zu Stadt durch die Kinosäle tingeln, um ihre Filme zu promoten. Und auch das Kinopublikum begann, sich zu verändern. Anfang der 60er-Jahre blieben ältere Menschen, die den deutschen Unterhaltungsfilm bevorzugt hatten, zu Hause, das „Pantoffelkino" hatte bei dieser Zuschauerschicht dem Kino den Rang abgelaufen. Doch trotz des Fernsehens brachen die Besucherzahlen in den Geiger'schen Kinos nicht ein: Nun kamen eben die Jüngeren, und die wollten eher amerikanische Filme sehen. „Die Jugend ist bis heute unser Publikum", bestätigt die Gattin des damaligen Kinobetreibers.

Als aufmerksamer Beobachter der Kinolandschaft erkannte Kurt Geiger die Gefahren, die vom Fernsehen ausgingen, und reagierte: 1968 eröffnete er im Rex einen zweiten Saal, das „Kleine Haus". „Ein Traum in Rot", urteilte die Pforzheimer Zeitung. Anfang der 70er-Jahre entschloss sich Geiger, den riesigen Saal des Rex dreizuteilen, sodass Rex 3 und Rex 4 entstanden, das „Kleine Haus" wurde in Rex 2 umbenannt.

1974 wurden die vier Rex-Kinos der Öffentlichkeit vorgestellt, „ganz reizende Theaterle", schrieb damals der Pforzheimer Kurier. Da der Architekt Theo Preckel 1973 gestorben war, übernahm Rainer Schaffhauser den Umbau. Vier Kinos standen nun unter einem Dach zur Verfügung, was bedeutete, dass man Filme mehrere Wochen lang laufen lassen konnte. 1998 wurde zudem das ehemalige Café Wagner im Untergeschoss zu einem fünften Kinosaal umgebaut. „Mein Mann hat es noch selbst ausgestattet. Das war sein letztes Projekt, bevor er sich zur Ruhe setzte", erzählt Maria-Luise Geiger.

Zu dem Entschluss, das Rex in mehrere Kinosäle umzuwandeln, trug auch die Schließung des Rio-Kinos bei. 1974 endete der Mietvertrag, den Geiger nicht mehr erneuerte, weil diese Spielstätte im Vergleich zum Rex oder dem Roxy einen Tick zu weit außerhalb des Stadtkerns lag. „Unser Architekt Preckel hatte uns seinerzeit zu diesem Standort geraten, weil er der Meinung war, dass Städte sich immer in Richtung Westen weiterentwickeln", erinnert sich Maria-Luise Geiger. Für Pforzheim jedenfalls hat sich das nicht bewahrheitet.

Kurt Geiger (links) mit seinem Sohn Michael, der heute das Familienunternehmen leitet.

Heute klingeln Supermarktkassen in dem ehemaligen Kinosaal.

Anfang der 80er-Jahre war der drei Jahrzehnte zuvor als Sensation gefeierte Bau des Roxy renovierungsbedürftig. Das Kino wurde umgebaut, die Sitzplatzkapazität auf etwas über 350 Plätze verringert, die Saaldecke tiefer abgehängt, um der Höhe des Cinemascope-Bildformates gerecht zu werden, die Wände farblich modernisiert. Die separate Loge im hinteren Saalbereich blieb erhalten. 2003 stellte das Roxy den Spielbetrieb ein. In diesem Jahr wurde das Hansa-Haus abgerissen, um für den Neubau des Industriehauses Raum zu schaffen.

Mitte der 80er-Jahre übernahmen die Filmtheaterbetriebe Geiger außerdem das Universum Kinocenter, zu dem die Kinos Universum mit 505 Plätzen, Bambi mit 176 Plätzen und das Juwel mit 93 Plätzen gehörten. Der Lörracher Filmkaufmann Dieter Gaa hatte die Universum-Kinos betrieben. Mit der Übernahme hatten die Geiger'schen Filmtheaterbetriebe eine Monopolstellung inne. Die Leitung der drei neuen Häuser legte Kurt Geiger in die Hände seines Sohnes Michael. Das Universum und die beiden dazugehörenden Kinos wurden im Frühjahr 2001 geschlossen, das Gebäude zum Teil renoviert, zum Teil abgerissen und neu gebaut. Heute befindet sich die Buchhandlung Thalia an dieser Stelle.

Inzwischen hat Michael Geiger die Geschäftsführung inne. Die Pforzheimer Kinobetriebe Geiger verfügen über elf Kinosäle, neben den fünf Sälen im Rex werden auch die sechs Kinosäle des Cineplex in der Zerrennerstraße von Michael Geiger geführt. Insgesamt stehen den Pforzheimer Cineasten damit über 2000 Sitzplätze zur Verfügung. Seit 2007 ist auch der Rex Filmpalast ein Bestandteil der Cineplex-Gruppe. „Man kann sich in diesem Beruf nie auf seinen Lorbeeren ausruhen. Die technische Entwicklung schreitet immer voran", sagt Maria-Luise Geiger. Und die Kinobesucher erwarten, dass ihr Lieblingskino mithält. Dafür Sorge tragen will demnächst auch einer der Enkel von „Kinokönig" Kurt Geiger, sodass das Familienunternehmen zuversichtlich in die Zukunft blicken kann.

Vier Signalscheiben und Doppelzeiger

Pforzheims erste Ampel

JUNGE UND ALTE, Männer wie Frauen drängen sich an diesem Morgen des 26. September 1952 an den Sperrketten am Leopoldplatz. Ihre Blicke richten sich nach oben, auf eine seltsame Apparatur, einer Uhr ähnlich, die hoch über ihren Köpfen an Drahtseilen baumelt.

Währenddessen versieht Wilhelm Jäck wie so viele Male seinen Dienst auf dem Leo – heute aber zum letzten Mal. Denn kurz vor 11 Uhr übernimmt die Anlage über ihm, die erste Ampel Pforzheims, seine Aufgabe. „Dienst richtig übergeben", meldet Jäck seinem Amtmann Franz Köstelmeyer und zieht die weißen Handschuhe aus.

Damit hatten die Schutzmänner in weißen Mänteln am Leo ausgedient. Bis Mitte der 60er-Jahre regelten Polizeibeamte während der Hauptverkehrszeiten noch den Verkehr am Bahnhofsplatz und am Kleinbahnhof an der Kreuzung, an der die Westliche Karl-Friedrich-Straße, die Wildbader Straße, die Kelterstraße und Dietlinger Straße aufeinandertreffen.

Am viel befahrenen Leopoldplatz gehorchte der Verkehr von nun an ausschließlich der neuen Heuer-Ampel, einer Zeigerampel, die heute kaum noch jemand kennt. Hersteller waren die Hammer-Heuer-Werke in Iserlohn. Die Zeigerampel hatte vier grün-rote „Zifferblätter", die den einzelnen Straßenrichtungen zugekehrt waren. Auf den vier Signalscheiben befanden sich weiße Doppelzeiger. Stand der Doppelzeiger waagerecht, zeigten seine Spitzen auf Rot und die Durchfahrt war verboten. Bei vertikalem Stand der Zeiger war es grün und die Durchfahrt frei. Nachts war die Ampel außer Betrieb, weil es damals noch nicht so viele Autos gab.

Auch für die Fußgänger bedeutete die neue Anlage eine Umstellung. Um die zu Fuß gehenden Pforzheimer auf diese vorzubereiten, erhielten Schulkinder von der Ver-

*Eine Zeigerampel regelte wenige Jahre lang den Ver-
kehr am Leopoldplatz.*

kehrspolizei einen bebilderten Wegweiser. Für die Erwachsenen berichteten die lokalen Zeitungen im Vorfeld ausführlich über Sinn und Funktion der Heuer-Ampel, durch die Pforzheim ein „geradezu großstädtisches Aussehen" bekam, wie die Pforzheimer Zeitung schrieb. In den ersten Tagen nach der Inbetriebnahme standen außerdem Polizisten an den Übergängen und halfen den Fußgängern, sich mit der Neuerung zurechtzufinden. Bald wurde eine zweite Zeigerampel an der Kreuzung Westliche Karl-Friedrich-Straße und Goethestraße installiert.

Durch die Zunahme des Fahrzeugverkehrs war auch die Zahl der Unfälle in den Vorjahren gestiegen. Die Stadt hatte deshalb beschlossen, dem Beispiel der rund 60 Städte der Bundesrepublik zu folgen, die bereits eine Regleranlage hatten. Nur wenige Städte, neben Pforzheim etwa Köln, Bochum und Duisburg, entschieden sich für eine Zeigerampel. Denn es gab zu dieser Zeit bereits Lichtsignalampeln, doch für Pforzheim sollte es eine Zeigerampel sein. Zunächst jedenfalls. Fünf Jahre später wurde die Heuer-Ampel dann doch durch eine Lichtsignalampel ersetzt. Und die Bürger mussten sich erneut umstellen.

Pforzheims streitbare Witwe

Käte Bauer und der Kampf für eine „gute Stube unserer Heimatstadt"

UNTER DER sprachlich-stilistisch fragwürdigen Bezeichnung CongressCentrum Pforzheim (CCP) firmiert am Waisenhausplatz ein Gebäudekomplex, der mit drei verschieden großen Sälen Raum für viele der heimischen Konzerte und Messeveranstaltungen bietet. Manchem Pforzheimer gilt das CCP als „blöder Bunker", doch das soll nicht Inhalt dieser Geschichte sein. Diese Rückschau beleuchtet vielmehr die vielleicht in Vergessenheit geratene Entstehung des CCP, das 1987 unter dem viel banaler klingenden Namen „Stadthalle" eröffnet wurde. Dass die Stadthalle eröffnet wurde, verdanken die Pforzheimer einer der Ihren, einer Frau namens Käte Bauer, die über Jahrzehnte hinweg für diesen Bau gekämpft hat. Und das kam so:

Vorläufer der Stadthalle in Idee und Funktion war der Pforzheimer Saalbau gewesen, den Oberbürgermeister Ferdinand Habermehl 1900 eröffnete. Das Kulturzentrum, von Alfons Kern entworfen, bot 2600 Personen und zahlreichen Veranstaltungen Platz, bis der Luftangriff 1945 den Saalbau so zerstörte, dass eine weitere Nutzung des Gebäudes nicht möglich war.

Statt an eben dieser Stelle nach dem Krieg einen Bau in Auftrag zu geben, der die Aufgaben des Saalbaus wieder aufnehmen konnte, sollte hier nun das Reuchlinhaus entstehen, beschloss der Gemeinderat. Doch der hatte seine Rechnung ohne die Pforzheimer gemacht. Die nämlich hingen an ihrem Saalbau und den nostalgischen Erinnerungen, die sie mit ihm verbanden, und wollten wieder einen Ort haben, der wie einst kulturellen Veranstaltungen aller Art Raum bieten würde. Und so regten sich 1957, als die Pläne bezüglich des Reuchlinhauses bekannt wurden, Proteste. Die parteilose Pforzheimerin

Viele Erinnerungen verbinden die alten Pforzheimer mit dem Saalbau, der 1945 zerstört wurde.

Käte Bauer war eine derjenigen, die sich mit Nachdruck für die Sache einsetzte.

Am 9. März 1957 sahen sich die Pforzheimer in ihren Zeitungen dazu aufgerufen, ein Bürgerbegehren zu unterzeichnen. Alle Wahlberechtigten wurden aufgefordert, sich mit ihrer Unterschrift dafür auszusprechen, dass zunächst ein Saalbau und erst dann das Reuchlinhaus errichtet werden sollte. Über 9000 Unterschriften kamen zusammen und belegten, dass Käte Bauer mit ihrer Meinung nicht alleine stand. Schon 5000 Unterzeichner hätten ausgereicht, um einen Bürgerentscheid einzuleiten, der den Gemeinderatsbeschluss hätte kippen können.

Landesweit berichteten die Medien nun über den Pforzheimer „Saalbaukrach". Um Käte Bauer und ihre Mitstreiter zufriedenzustellen, schrieb der Gemeinderat ei-

nen Architektenwettbewerb für den zukünftigen Saalbau aus. Damit war auch die SPD-Fraktion, die bislang
das Bürgerbegehren unterstützt hatte, besänftigt und
stimmte dem sofortigen Baubeginn des Reuchlinhauses
zu. Die Wogen schienen geglättet.

Doch Käte Bauer erhob Einspruch und setzte den Gemeinderat damit so unter Druck, dass dieser beschloss,
am 25. August 1957 doch einen Bürgerentscheid abzu-
halten. Das wiederum passte dem damaligen Oberbürgermeister Johann Peter Brandenburg keineswegs. Da er
den angekündigten Bürgerentscheid für gesetzeswidrig
hielt, beantragte er beim Regierungspräsidium Karlsruhe eine Entscheidung, die tatsächlich zuungunsten des
Bürgerentscheids ausfiel: Weil keine Vorschläge für die
Finanzierung enthalten waren, entsprach das Bürgerbegehren formal nicht den Vorschriften.

Ende August 1957 wurde also mit dem Bau des Reuchlinhauses begonnen. Käte Bauer reichte aber beim Verwal-
tungsgericht Klage gegen den Erlass des Regierungsprä-
sidiums ein und beantragte einen sofortigen Baustopp.
Die Baustelle Reuchlinhaus ruhte ... und ruhte ... und
ruhte.

Erst Anfang April 1958 kam wieder Bewegung in den
„Saalbaukrach". Der Gemeinderat einigte sich darauf,
in jedem Haushaltsjahr Geld für den Neubau zurück-
zulegen, einen Architekturwettbewerb auszuschreiben
und sich um den Ankauf der erforderlichen Grundstü-
cke zu kümmern. Käte Bauer zog daraufhin ihre Klage
zurück, der unterbrochene Bau am Reuchlinhaus konnte fortgesetzt werden.

Zunächst schien sich alles nach Plan zu entwickeln.
1963 schrieb die Stadt einen Wettbewerb für das Bau-
vorhaben aus, der Vorschlag des Berliner Architekten
Bodo Fleischer wurde ausgewählt. Doch dann erwog
der Gemeinderat einen Bau, der eine Stadthalle und ein
Stadttheater kombinieren sollte. Verschiedene Objekte

in anderen Städten wurden besichtigt, bevor 1967 der umstrittene Kombinationsbau beschlossen wurde. Der Baubeginn war für das Jahr 1973 geplant, der Entwurf des Architekten wurde aber erst 1974 genehmigt. Ein Jahr später waren Kommunalwahlen, die Zusammensetzung des Gemeinderats änderte sich und die Pläne der Vorgänger galten nicht mehr viel. Gespräche wurden geführt und endeten ergebnislos. Die Nachfolge des Saalbaus schien wieder in weite, weite Ferne gerückt.

Doch Käte Bauer hatte nicht vergessen, welche Versprechen ihr gegeben worden waren. Im April 1978 klagte sie auf Einhaltung des Vergleichs mit der Stadt Pforzheim, eine Stadthalle zu bauen. Und entgegen allen Prognosen

Pforzheims streitbare Witwe Käte Bauer.

36

Die Stadthalle wurde am 18. September 1987 eröffnet.

gab die V. Kammer des Verwaltungsgerichts Karlsruhe
am 22. März 1979 der Klage Bauers statt. Die beklagte
Stadt Pforzheim war nun angehalten, in absehbarer Zeit
mit dem Bau einer Stadthalle zu beginnen – ein Urteil,
das wiederum überregionale Aufmerksamkeit erregte.
So berichtete etwa die Wochenzeitung „Die Zeit" am 6.
April 1979 über „Pforzheims streitbare Witwe".
Fünfeinhalb Jahre dauerte es bis zum Spatenstich. Die
Begegnungsstätte der Bürger, für die sich Käte Bauer
so viele Jahrzehnte eingesetzt hatte, wurde schließlich
am 18. September 1987 feierlich eröffnet. Kurz vor der
Eröffnung schied Käte Bauer die Geister des Gemeinderates erneut. Oberbürgermeister Joachim Becker und
die SPD-Fraktion hatten der langjährigen Vorkämpferin
als Anerkennung für ihr Engagement den Ehrenring der

Stadt verleihen wollen. Der Antrag verfehlte bei der geheimen Abstimmung die notwendige Zweidrittelmehrheit. Offenbar wollten die Stadträte eine Frau, die gegen die Stadt geklagt und Recht bekommen hatte, nicht auch noch mit dem Ehrenring dafür belohnen. Und einige nahmen Bauer übel, dass sie den Gemeinderat einmal als „Käfig voller Narren" charakterisiert hatte.

Der Eröffnung der Stadthalle tat das keinen Abbruch. „Ohne uns gäbe es heute die Stadthalle nicht; das erfüllt uns mit Stolz", schrieb Käte Bauer in der Festschrift, die zu diesem Anlass erschien, und meinte mit „wir" den Förderverein für Saalbau- und Theaterneubau, der sich auf ihre Initiative hin 1967 gegründet hatte. Da die Finanzierung für die Stadt eine große Belastung darstellte, hatte der Verein 425 000 Mark an Spenden für die Stadthalle gesammelt. „Möge die neue Halle das werden, was uns der alte Saalbau einst war: die gute Stube unserer Heimatstadt!", wünschten sich Bauer und ihre Mitstreiter. Bei der Eröffnung weihten Oberbürgermeister Becker und die 87-jährige Käte Bauer mit dem ersten Tanz das Parkett gemeinsam ein.

Das Hilda im „Brezel-Streik"

Schülerinnen wehren sich

ALLES BEGANN AN EINEM gewöhnlichen Montag im Februar des Jahres 1961. Es klingelte zur großen Pause. Die Schülerinnen des Hildagymnasiums – bis 1971 war das Hilda eine reine Mädchenschule – stürmten zum Schulbäcker, um sich wie jeden Vormittag eine Brezel, ein Brötchen oder ein süßes Stückchen gegen den Hunger zu kaufen. „Plenus venter non studet libenter" – „Ein voller Bauch studiert nicht gern", hatten sie zwar im Lateinunterricht gelernt, aber ein knurrender Magen war dem Lernen auch nicht zuträglich. Und so freuten sich die Mädchen auf ihre Zwischenmahlzeit.

Doch der Appetit wurde ihnen an diesem Morgen gehörig verdorben. Der Schulbäcker verlangte ohne Vorankündigung für die Brezeln elf statt wie bisher acht Pfennig und für die Brötchen 16 statt wie bislang 14 Pfennig. Die Empörung der Gymnasiastinnen war groß. Alsbald beriet der Schülerrat, in den je Klasse zwei Vertreterinnen entsendet waren, wie man dieser Unverschämtheit Einhalt gebieten konnte. Denn nicht nur teurer, auch kleiner seien die Backwaren geworden, stellten die Mädchen gemeinsam fest. Mit seiner Vorsitzenden Susanne Schückle beschloss der Schülerrat, zu einer Maßnahme zu greifen, die der jungen Demokratie in der Bundesrepublik angemessen erschien: Streik!

Der Schulbäcker staunte nicht schlecht am darauffolgenden Mittwoch, dem 8. Februar 1961. Wie jeden Tag bezog er zur großen Pause im Treppenhaus Stellung im Mädchengymnasium. Und wie jeden Tag kamen die Gymnasiastinnen an seinen Stand, nachdem die Klingel die Pause eingeläutet hatte. Die Schülerinnen umringten ihn, begafften ihn, aber – sie kauften nichts. Sie befanden sich erklärtermaßen in einem „Brezel-Streik". Viele hatten sich von zu Hause ein Vesper mitgebracht, sodass

sie auf die überteuerten Backwaren des Schulbäckers verzichten konnten. Der Bäcker war gezwungen, mit über 150 Brezeln und den anderen verschmähten Backwaren wieder von dannen zu ziehen und seine wertvolle Handarbeit an die Hühner zu verfüttern.

Die Preiserhöhung sah der Bäcker übrigens als gerechtfertigt an. Den drei Pfennig Preisaufschlag stünde eine Gewichtserhöhung der Backwaren um fünf Gramm gegenüber, sagte er den Zeitungen, die den Brezel-Streik am Hildagymnasium aufmerksam verfolgten. Die Löh-

ne seiner Mitarbeiter seien gestiegen und auch das Mehl sei teurer geworden, erläuterte er außerdem. Und gerade die Brezel sei aufwendiges Backwerk. Drei Arbeitsgänge seien nötig und das müsse sich eben auch im Preis widerspiegeln.

Hilda-Schulleiter Professor Dr. Erich Rex, der auch die Volkshochschule in Pforzheim mitbegründete, nahm die Aktion seiner Schülerinnen gelassen und zeigte sich den lokalen Berichterstattern gegenüber erfreut, dass die Mädchen „Demokratie praktiziert" haben. Er sorgte dafür, dass sich die gegnerischen Parteien wie bei einem richtigen Streik zusammensetzten und aussprachen. Der Bäcker erläuterte den Gymnasiastinnen, warum er seine Preise angehoben hatte. Dafür zeigten die Mädchen Verständnis, sie machten aber auch deutlich, dass man ihrer Ansicht nach eine solche Maßnahme im Vorfeld bekannt geben müsse. Durch die unangekündigte Preiserhöhung habe er sie vor den Kopf gestoßen und sehr verärgert.

Schließlich kam es zu einer gütlichen Einigung. Der Bäcker kam seinen Kundinnen bei Brezeln und Brötchen einen Pfennig entgegen. Die Brezel kostete fortan also zehn Pfennig, Brötchen waren für 15 Pfennig zu erstehen. Umgekehrt akzeptierten die Gymnasiastinnen für süßes Gebäck die höheren Preise. Der Brezel-Streik konnte so innerhalb derselben Woche beigelegt werden. Der Bäckermeister lud die Schülerinnen zudem in seine Backstube ein, um ihnen Einblick in sein Handwerk zu verschaffen. Ob die Mädchen dieses Angebot jemals wahrgenommen haben, konnte nicht ermittelt werden.

Der Brezel-Streik 1961 konnte gütlich beigelegt werden.

Das letzte „Bimbim!"
Die Abschiedsfahrt der Pforzheimer Straßenbahn

MEHR ALS FÜNF JAHRZEHNTE lang war sie den Pforzheimern ein beliebtes und zuverlässiges Nahverkehrsmittel: die Straßenbahn. Auf drei Linien brachte die „Elektrische" die Menschen vom Gaswerk nach Brötzingen, von Dillweißenstein zum Hauptfriedhof und vom Leopoldplatz über den Marktplatz zum Kupferhammer – und natürlich auch zurück. Und eben weil die Straßenbahn von den Pforzheimern gerne genutzt wurde, war der Abschied von ihr so bitter, dass die eine oder andere Träne bei der letzten Fahrt vergossen wurde.

Es war an einem Samstag, genauer am 10. Oktober 1964, als das vertraute „Bimbim" auf dem Leo ein letztes Mal erklang. Zu den Fahrgästen, die offiziell von der „Elektrischen" Abschied nahmen, gehörten der Gemeinderat, das Fahrpersonal und die Pensionäre der Straßenbahn. Ein Straßenbahnzug aus dem Jahr 1911 war für die letzte Fahrt hergerichtet worden, Blumen zierten die Wagen. Kontrolleur, Fahrer und Schaffner trugen historische Uniformen und zwirbelten ihre Bärte hoch, so wie man es von Wilhelm II. kannte.

Obwohl der Gemeinderat gute Gründe für die Abschaffung der Straßenbahn in Pforzheim sah, war sich Oberbürgermeister Johann Peter Brandenburg angesichts der bekümmerten Gesichter, in die er während seiner Ansprache blicken musste, nicht sicher: „Soll man eine Freuden- oder eine Trauerrede halten?" Die Stadtfeuerwehrkapelle spielte „'s ist Feierabend" und die Straßenbahn startete zur letzten offiziellen Fahrt. Im Anschluss hatten die Bürger – viele opferten ihren freien Samstagnachmittag, um sich von ihrer „Elektrischen" zu verabschieden – Gelegenheit zur Freifahrt, bevor die immerwährende Endstation angefahren wurde. Eine

*Die „Elektrische" bei der Abschiedsfahrt
am 10. Oktober 1964.*

Erinnerungsschau im Reuchlinhaus ergänzte das Ab-
schiedsprogramm.
Der Bau der Straßenbahn rund 60 Jahre zuvor hatte
als Meilenstein in der Entwicklung der Stadt gegolten.
Erstmals dachte die Verwaltung 1893 über eine Straßenbahn für Pforzheim nach. Vier Jahre später wurde eine Sonderkommission gebildet, die sich mit dem
Für und Wider einer Straßenbahn näher beschäftigte.

Im Januar 1900 ging unabhängig von diesen Bemühungen die Badische Lokal-Eisenbahn in Betrieb, die von Ittersbach nach Brötzingen führte. Ein Jahr später verlängerte man die Trasse bis zum Leopoldplatz – und es stellte sich heraus, dass die Pforzheimer die Bahn als Verkehrsmittel zwischen Brötzingen und dem Leo nutzten.

Die Stadt erwarb 1909 die Gleisanlagen zwischen dem Brötzinger Bahnhof und dem Leopoldplatz und verlegte weitere Gleise. Die erste Pforzheimer Straßenbahn fuhr Anfang Oktober 1911. Seinerzeit gab es Pforzheimer, die bruttelten: „M'r isch früher a g'loffe, zu was macht d'Stadt jetzt Schulde wegen dere Fahrerei." Doch „g'fahre" wurde seither gern und viel.

Am 1. Dezember 1911 nahm man das erste Liniennetz in Betrieb, das von Brötzingen bis zum Gaswerk und vom Hauptbahnhof zu den Kallhardtanlagen fuhrte. Die Nordstadtstrecke über die Hohenzollernstraße bis zum Friedhof gab es seit August 1926. Bald meldete sich auch Dillweißenstein zu Wort und forderte ein, was im Eingemeindungsvertrag zugesichert worden war: eine Straßenbahnverbindung nach Pforzheim. Im Februar 1927 fuhr die erste Bahn über die Waldstre-

*Die Pforzheimer waren sehr stolz auf ihre Straßenbahn.
Hier ein Arbeiterzug 1912 auf der Westlichen Karl-
Friedrich-Straße, Ecke Goethestraße.*

cke bis zum heutigen Nagold-Freibad. Bis auf wenige Ausnahmen – wie etwa während der großen Inflation, als eine Fahrt 300 Mark kostete – erfreute sich die Straßenbahn enormer Beliebtheit und wurde rege genutzt. „Wir waren sehr stolz, wie unsere Elektrische die Hügel der Stadt bewältigte", schwärmen damalige Fahrgäste noch heute.

Der Luftangriff vom 23. Februar 1945 bedeutete auch für die Geschichte der Straßenbahn in Pforzheim einen Wendepunkt. Viele Kilometer Fahrstrecke waren schwer beschädigt, über 50 Fahrzeuge unbrauchbar geworden. Der Betrieb ruhte für Monate. Die Strecke zwischen dem Kupferhammer und Dillweißenstein war die erste, die wieder befahren werden konnte. Bis 1949 waren weite Teile des Streckennetzes wieder in Betrieb – oder aber man hatte die schwer zugänglichen Stadtteile durch Omnibusse erschlossen. So etwa, als 1951 die Nordstadtbrücke fertiggestellt wurde: Oberleitungsomnibusse übernahmen nun den öffentlichen Verkehr in die Nordstadt.

Rund ein Jahrzehnt später, im März 1962 traf der Gemeinderat eine folgenschwere Entscheidung: Peu à peu sollte der gesamte Straßenbahnbetrieb eingestellt werden. Verschiedene Gründe sprachen aus Sicht der Entscheider dafür: die Straßenbahn war nicht mehr wirtschaftlich, der zunehmende Individualverkehr trug hierzu bei, denn immer mehr Pforzheimer leisteten sich ein eigenes Auto. Zudem schienen Pforzheims Straßen zu eng für Autos und Straßenbahnen. Und so kam es, dass im Oktober 1964 die „Elektrische" ausgedient hatte. Die Pforzheimer Straßenbahnen wurden bis auf den heutigen Museumszug ausnahmslos verschrottet.

Bis heute gibt es Stimmen, die die damalige Entscheidung des Gemeinderates bedauern und die Zeiten vermissen, in denen die „Elektrische" sich durch die Straßen der Goldstadt schlängelte. Melancholie klingt mit, wenn die alten Pforzheimer von dem Abschied an jenem Samstag im Oktober 1964 berichten.

Einige Jahre nutzten die Menschen dann wie zu den Anfangszeiten wenigstens die Kleinbahn als Schienenverbindung zwischen dem Leo und Brötzingen. Doch am 3. August 1968 wurde auch der Betrieb der Kleinbahn eingestellt.

Fahrscheine der Pforzheimer Straßenbahn sind ein begehrtes Objekt für Sammler. Hier ein Fahrschein aus dem Zeitraum 1926 bis 1930.

Drei Minuten

Der Tornado 1968

DIE BERICHTE ERINNERN an Szenen aus einem Katastrophenfilm: Fernsehantennen knicken um, schlagen Löcher in die Dächer. Wie von Geisterhand werden Dachpfannen fortgerissen, Fenster eingedrückt, Kamine stürzen herab, knallen auf Autos. Manche Fahrzeuge werden hochgewirbelt und zerschellen an Mauern. Der Strom fällt aus, Straßenlaternen knicken um wie Strohhalme, Funken schlagen. Stühle, Tische, Fernsehgeräte fliegen durch Zimmer, die kein Dach mehr über sich haben. Gegenstände wirbeln Hunderte von Metern weit durch die Luft, einzelne Schriftstücke werden sogar von Pforzheim bis nach Nürnberg getragen. Im Wald misst der Sturm seine Kraft mit dicken Bäumen, entwurzelt sie, legt ganze Waldflächen um.

Niemand, der den 10. Juli 1968 in Pforzheim verbracht hat, wird je den Tornado vergessen, der die Stadt abends ereilte und der in drei katastrophalen Minuten einen sechs Kilometer langen und rund 600 Meter breiten Streifen der Verwüstung hinterließ. Auslöser des Wirbelsturms war der Zusammenprall von feuchter und warmer Luft mit kühler Meeresluft, erläuterten die Meteorologen später. Von West nach Südost raste der Sturm mit einer Windgeschwindigkeit von über 300 Stundenkilometern über den Südrand von Pforzheim. Es war der schwerste Tornado, der je über Süddeutschland beobachtet wurde.

Auch Kurioses gibt es aus dieser eigentümlichen Nacht zu berichten. Eine ältere Dame in der Falkenstraße etwa löste gerade ein Kreuzworträtsel und benötigte ein anderes Wort für Wirbelsturm. Während sie im Lexikon suchte, ob man Hurrikan mit einem oder mit zwei r schreibt, tobte der Tornado über ihr Haus und warf ihr eine Fichte aufs Dach. Ob des Wirbelsturms unbeein-

*In nur drei Minuten richtete der Tornado 1968
unfassbare Schäden an.*

Der Tornado 1968 beschädigte Tausende Gebäude in Pforzheim.

druckt zeigte sich dagegen eine Deutsche, die seit vielen Jahren in Mexiko lebte und auf dem Buckenberg bei einer Familie zu Besuch war. „So was haben wir in Mexiko alle Tage", sagte sie, als man sie von der Situation unterrichtete, und drehte sich im Bett auf die andere Seite. Als dann das Dach fortflog, stand sie aber doch auf.

Wenn sich Pforzheimer an diesen Mittwochabend erinnern, verwenden sie in ihren Erzählungen häufig Vergleiche zum 23. Februar 1945. Nach den schweren Jahren des Wiederaufbaus lädierte der Tornado viele erst vor Kurzem fertiggestellte Gebäude, Straßen und Anlagen. Auch der vier Tage zuvor eröffnete Wildpark hatte Schäden zu vermelden. Dramatische Szenen spielten sich auf dem Gebiet Alt-Haidach ab. Hier waren manche Familien erst zehn Tage zuvor in die Neubauwohnungen eingezogen und verloren in wenigen Minuten Hab und Gut.

Bitter war der Tornado auch für das Altenheim auf dem Buckenberg, die August-Kayser-Stiftung. Da das ursprüngliche Gebäude nicht mehr ausreichte, hatte man hier seit 1966 ein zweites Bettenhaus geplant. Bis zum Frühjahr 1968 wurde ein Neubau realisiert, der in den folgenden Wochen bezogen wurde. Doch wenige Tage nachdem die neuen Bewohnerinnen und Bewohner sich in ihrem eben fertiggestellten Heim eingerichtet hatten, tobte der Tornado über das Gebäude hinweg. „Fensterscheiben zerbarsten. Die Dächer des Alt- und des Neubaus waren abgedeckt. In den unmittelbar darauffolgenden Tagen regnete es ununterbrochen. Viele Bewohner mussten aus dem Altbau ausziehen. Die alten Menschen irrten mit aufgespanntem Regenschirm herum", erinnert sich ein Zeitzeuge.

Der Neubau wurde durch den Wirbelsturm stark beschädigt, auch das alte Gebäude in Mitleidenschaft gezogen. Vor allem die Dächer der beiden Häuser und nahezu alle Fensterscheiben waren zerstört worden, der Hof

Der Stadtgarten wurde stark in Mitleidenschaft gezogen. Links im Bild
der „Eiserne Kanzler" Bismarck.

lag übersät mit Scherben und Trümmern. Da die August-Kayser-Stiftung nicht allein von dem Wirbelsturm heimgesucht worden war, gestalteten sich die darauffolgenden Tage schwierig. Schließlich gab es viele, die Fenster und Ziegel benötigten, freie Baukapazitäten waren in Pforzheim nicht verfügbar. Die Feuerwehr wollte zumindest das Dach notdürftig mit Planen abdichten, stellte aber fest, dass ein gutes Gerüst vonnöten war, um auf das steile und nasse Dach des Altbaus vordringen zu können. Allerdings waren alle Gerüste in Pforzheim und der Umgebung anderweitig im Einsatz.

Schließlich wurde die Bundeswehr zu Hilfe geholt, die eine Pionierkompanie mit Brückenbaugerät entsendete. Ganze zwei Tage dauerte es allein, das Gerüst aufzubauen. Sodann konnten die Feuerwehr, die Zimmerleute und Dachdecker sich an die Begrenzung des entstandenen Schadens machen.

Auch die Bleichstraße war nach dem Tornado verwüstet. Bei den Schmuckfabriken Kollmar & Jourdan und Rodi & Wienenberger war fast keine Fensterscheibe mehr heil, nur die große Goldanker-Reklame auf dem Dach von Rodi & Wienenberger drehte sich unversehrt weiter. Die alten Bäume im Stadtgarten lagen entwurzelt oder eingeknickt, die Sitzbänke waren zersplittert. Vom Reuchlinhaus hatte man nunmehr einen freien Blick zum Kupferhammer. Inmitten dieser Szenerie blickte Bismarck unbeschädigt von seinem Denkmal, der „Eiserne Kanzler" hatte dem Sturm standgehalten.

Insgesamt waren die Schäden in Pforzheim und Umgebung groß: Hunderte von Häusern waren abgedeckt, über 3000 Gebäude beschädigt, rund 1000 davon unbewohnbar geworden. Elf Gebiete hatten besonders gelitten: der Buckenberg, die Waldsiedlung, Dennach, die Südstadt, der Seeberg, das Rodgebiet, die Friedenstraße, der Weiherberg, die Rotplatte, das Brötzinger Tal sowie die Herrenstraße in Dillweißenstein. Viele Pforzheimer waren obdachlos, über 200 Verletzte mussten in den Krankenhäusern behandelt werden. Auch bei den Aufräum- und Aufbauarbeiten an den folgenden Tagen gab es Verletzte, 130 insgesamt, die im Städtischen Krankenhaus behandelt wurden. Ein Dachdecker zog sich bei einem Sturz so schwere Schädelverletzungen zu, dass er an den Folgen starb. Ein Jahr später veranschlagte man den Gesamtschaden in Pforzheim auf rund 50 Millionen Mark.

„Ich weiß noch, dass es ein schwüler und heißer Tag gewesen war. Plötzlich wurde es furchtbar dunkel, ich dachte, das ist aber ein schlimmes Gewitter. Und dann ging alles schnell", schildern Betroffene von damals. Auch die, deren Häuser und Wohnungen nicht beschädigt waren, empfanden den Tornado als eine schauderhafte Erfahrung. „Wir hatten den Krieg überstanden und die schweren Jahre danach. Aber das hatten wir noch nie erlebt. So eine Naturgewalt weist einen in die Schranken, es zeigte uns, wie verletzbar wir sind", erinnert sich eine Zeitzeugin. Das Mitgefühl mit den Familien, denen der Tornado Schaden zugefügt hatte, sei sehr groß gewesen, man habe geholfen, wo und wie man konnte. Viele erfuhren vom Ausmaß erst am nächsten Morgen im Radio. „Wer Zeit hatte, ist sofort aufgebrochen, um zu schauen, wo er helfen kann. In solchen Situationen rückt man automatisch zusammen", sagt ein Helfer von damals.

Das Rote Kreuz, das Technische Hilfswerk, die Feuerwehr und die Forstverwaltungen begannen umgehend mit Aufräumarbeiten und der Versorgung der Geschädigten. Unaufgefordert halfen auch Einheiten der damaligen amerikanischen Garnison und der französischen Husaren, die selbst durch den Tornado betroffen waren. Wenige Stunden nach der Katastrophe kamen zudem Bundeswehreinheiten nach Pforzheim, um mit anzupacken.

Amerikanische, französische und deutsche Soldaten halfen gemeinsam bei den Aufräumarbeiten. Hier im Hintergrund die zerstörten Häuser auf dem Haidach, die von den Familien wenige Tage zuvor bezogen worden waren.

Rund 700 Helfer, darunter auch Männer aus Karlsruhe, Stuttgart oder Heilbronn, rückten am Tag nach dem Tornado an. Schulkinder von betroffenen Familien wurden nach Hause geschickt, um den Eltern zu helfen. Die Spendenbereitschaft in der Bevölkerung war groß, rund 1,3 Millionen Mark sammelten die Pforzheimer für die Betroffenen. Weitere 400 000 Mark brachte eine Ziegelspendenaktion des Süddeutschen Rundfunks ein.

Die Straßen in den Hauptschadensgebieten wurden polizeilich gesperrt, damit die Räum- und Sicherungstrupps ungehemmt mit der Arbeit beginnen konnten. Die Beseitigung von Gefahrenquellen erschien dabei besonders wichtig. Gelockerte Kamine wurden abgetragen, Dachpfannen, die sich in den Dachrinnen gestaut hatten, wurden entfernt, Häuser und Wohnungen wurden zumindest provisorisch abgedeckt.

Während der Aufräumarbeiten ärgerten sich Betroffene und Helfer am meisten über die zahlreichen Gaffer. „Die vom Unglück nicht Betroffenen sollten lieber ihre Jacken ausziehen und mithelfen – beispielsweise den zerstörten Stadtgarten abräumen", kommentierte Bürgermeister Dr. Albert Klein.

Landesinnenminister Walter Krause besuchte Pforzheim am 11. Juli und erklärte die Stadt zum Notstandsgebiet. Die Katastrophenleitung, im Technischen Rathaus stationiert, koordinierte die Hilfsmaßnahmen. Alle Dachdecker und Zimmerleute aus Pforzheim, Karlsruhe oder Stuttgart kamen am Freitagmorgen ans Rathaus, wo sie je nach Dringlichkeit eingesetzt wurden. Die Einsatzleitung bestimmte, welche Aufträge Vorrang hatten. Rund 200 Handwerker von nah und fern waren in Pforzheim tätig. Als Segen erwies sich, dass zu dieser Zeit eine Sperrmüllaktion angesetzt war, sodass Trümmerschutt und Äste und Zweige gleich entsorgt werden konnten. Betroffene Familien bekamen 1000 Mark Ersthilfe auf die Hand. Vier Tage nach dem Tornado wurden weitere

60 Personen obdachlos, weil heftige Regenschauer die Wohnungen, die zum Teil noch offene Dächer hatten, endgültig ruinierten.

Die Verpflegung der vielen ohne Obdach und Strom erwies sich als problematisch. Das Rote Kreuz half mit einer mobilen Küche aus, auch das Städtische Krankenhaus versorgte Betroffene mit Essen. Betriebe wie die Uhrenfabrik Timex an der Wurmberger Straße gaben kostenlos Essen an Geschädigte aus.

Am 25. Juli wurde der Katastrophenfall für Pforzheim aufgehoben. Die Pforzheimer hatten im Wiederaufbau einige Erfahrung und ließen sich von den Geschehnissen dieses 10. Juli 1968 nicht lange entmutigen. Man behob die Schäden und machte eben weiter. „Aber die Angst vor Tornados haftete uns noch einige Jahre an", erinnern sich Zeitzeugen. „Wer damals ein Haus baute, konnte sich die Frage, ob das Bauwerk einem Tornado standhalten würde, nicht verkneifen."

Eine Zeit der Bewegungen

Der Jörg-Ratgeb-Buchladen in der Nordstadt

EIN ALTERNATIVES VIERTEL war die Pforzheimer Nordstadt damals, in den 80ern. Obst und Gemüse in Bioqualität kaufte man im „Sesam", im Wollstübchen „Zwei rechts, zwei links" deckte man sich mit Material für die selbst gestrickte Mode ein und in der Teestube „Haslnüssle" aß und trank man lecker und bio. Zu den zahlreichen kleinen Lädchen gehörte der Jörg-Ratgeb-Buchladen, der seinerzeit zu den alternativen Schmuckstücken der Nordstadt zählte. Hier kaufte man Bücher, ja, auch das, aber eben: nicht nur. Ein Ort der Begegnung war die kleine Buchhandlung, eine Rückzugsstätte, in der man sich bei einer Tasse Tee aus Russland oder einem Kaffee aus Nicaragua austauschte.

Im Herbst 1982 eröffnete Angela Blonski den Jörg-Ratgeb-Buchladen in der Ebersteinstraße 23. Mit von der Partie war Goldschmied Franz Rumler, der in einem Hinterraum Schmuck fertigte – nicht etwa irgendwelchen, sondern thematisch zum Buchladen passenden Schmuck: Friedenstauben oder Peacezeichen und Hexen. Denn der Jörg-Ratgeb-Buchladen verstand sich als politische Einrichtung, die sich zu ihrer Gesellschaft positionierte.

„Es war eine andere Zeit", erinnert sich Birgit Metzbaur. „Eine Zeit der Bewegungen, in der man sich engagierte: für die Friedensbewegung, die Ökobewegung, die Frauenbewegung oder die Solidaritätsbewegungen mit Nicaragua und Südafrika." Metzbaur kam zunächst als Mitarbeiterin. 1986 machte Angela Blonski dann gemeinsam mit ihr eine GmbH aus dem Jörg-Ratgeb-Buchladen.

Beim Namensgeber Jörg Ratgeb handelt es sich um einen um 1470 in Schwäbisch Gmünd geborenen Maler, der 1525 als Mitglied des Stuttgarter Rates die

Birgit Metzbaur (links) und Angela Blonski im Jörg-Ratgeb-Buchladen.

Verhandlungen mit Aufständischen des württembergischen Bauernkrieges führte – so beeindruckend, dass er von diesen zum Kanzler gewählt wurde. Das handelte ihm eine Anzeige wegen Hochverrats ein. Er floh nach Pforzheim, wurde denunziert und 1526 auf dem Pforzheimer Marktplatz hingerichtet. „Ratgeb verkörperte für uns eine fortschrittliche Seite Pforzheims. Er war ein Künstler, der Partei für die Unterdrückten ergriff", erläutert Angela Blonski zur Namensfindung für den Buchladen.

Vornehmlich gab es politische Literatur und Frauenliteratur zu kaufen, außerdem schöne, gebundene und preisgünstige Klassiker-Bände aus der DDR: Goethe und Schiller etwa. „Mit der Zeit haben wir unsere Auswahl an die Wünsche der Kunden angepasst", erzählt Blonski. Deshalb gab es bald auch eine größere Auswahl an Kinder- und Kochbüchern zu erstehen. „Wir haben immer auf Qualität geachtet, das war uns wichtig", so Blonski. Bücher, Plakate, Aufkleber und Buttons zu aktuellen Solidaritätsbewegungen rundeten das Angebot ab. Auch eine Schreibwerkstatt und Lesungen mit regionalen und überregionalen Autoren, meist zu aktuellen politischen Themen, gehörten zum Spektrum des Buchladens.

Als alternative Buchhandlung erfreute sich der Jörg-Ratgeb-Buchladen bei vielen in der Nordstadt großer Beliebtheit, allerdings führte die dezidiert politisch linke Haltung der Betreiberinnen vereinzelt auch zu Schwierigkeiten – so etwa während der Volkszählung. 1987 wollte die Bundesrepublik ihre Bewohnerinnen und Bewohner mithilfe einer Volkszählung statistisch neu erfassen. Viele Bürgerinitiativen riefen zum Boykott auf, weil sie den Missbrauch der Daten befürchteten, die Volkszählung als eine schleichende Einschränkung von Bürgerrechten und einen ersten Schritt hin zum „gläsernen Bürger" verstanden. Zusätzlich empörten sie sich über die Bestimmung, dass die ausgesandten Volkszähler Kopfprämien erhalten sollten, wenn sie Bürger ohne polizeiliche Anmeldung entdeckten. Um den Zensus zu umgehen, aber auch Rückschlüsse auf ihre Person auszuschließen, schnitten die Boykotteure die Nummern auf ihren Erhebungsbögen ab und übergaben ihren Bogen als Protest gegen die Volkszählung einer Sammelstelle. Bundesweit sammelten alternative Sammelstellen über eine Million Erhebungsbögen.

In Pforzheim war der Jörg-Ratgeb-Buchladen eine dieser Bogensammelstellen. Weil man aufgrund dieser Tatsache vermutete, dass der Buchladen zum Boykott aufgerufen hatte, wurden, um dafür Belege zu finden,

sowohl der Buchladen als auch die Privatwohnung von
Angela Blonski von der Polizei durchsucht. „Bis in den
Wäschekorb hinein haben die gewühlt", erinnert sich
Blonski. Selbst die Sachen ihrer Mutter wurden kont-
rolliert. Diese war gerade zu Besuch wegen der anste-
henden Entbindung: Angela Blonski war im neunten
Monat schwanger. Beweise, dass man im Jörg-Ratgeb-Buchladen zum Volkszählungsboykott aufgerufen
habe, fand die Polizei übrigens keine, das Ermittlungs-
verfahren wurde eingestellt. Die gesammelten Erhebungsbögen wurden beschlagnahmt.

Nach dem Volkszählungsboykott zeichnete sich langsam, aber immer deutlicher spürbar ein Nachlassen der
politischen Bewegungen ab. „Angeguckt haben die Bücher immer noch viele, aber gekauft haben sie wenige",
sagt Metzbaur in der Rückschau. „Der zeitliche Auf-
wand stand bald in keinem Verhältnis mehr", ergänzt
Blonski. Im Herbst 1988 verkauften sie den Jörg-Ratgeb-Buchladen, den es noch bis Anfang der 90er-Jahre
gab.

Danach beherbergten die Räume einen Secondhand-
Shop, eine Gardinennäherei und einen Kampfsportla-
den. Im Herbst 2007, fast zwei Jahrzehnte später also,
eröffnete mit dem Leseladen wieder eine Buchhandlung in der Ebersteinstraße 23. „Bis heute kommt gelegentlich noch Post für den Jörg-Ratgeb-Buchladen",
sagt Inhaber Rainer Buschkiel lächelnd.

Herbes Pilsener und vollmundiges Export
Die Brauerei Beckh

PFORZHEIM TRÄGT, wie jeder hier und anderswo weiß, den Zweitnamen „Goldstadt", was auf die kreative und erfolgreiche Schmuckproduktion verweist. Doch Pforzheim ist noch in einer anderen Hinsicht eine Goldstadt, denn hier entsteht seit Jahrhunderten „flüssiges Gold" in Form von Bier. In Pforzheim sind heute – neben der kleinen Hausbrauerei des Lokals „Hopfenschlingel" am Sedanplatz – zwei Brauereien ansässig, die sich fernab der großen Bierkonzerne behaupten können: Ketterer und Brauhaus. Bis in die 80er-Jahre des vorigen Jahrhunderts gab es eine dritte Brauerei, an die sich viele Pforzheimer gut erinnern können. Die Brauerei Beckh war seinerzeit die größte und älteste Privatbrauerei der Goldstadt.

Der Name Beckh ist in Pforzheim mit einer langen Tradition verbunden. Im Dreißigjährigen Krieg leitete ein Bürgermeister namens Hans Beckh die Geschicke der Stadt. Im Pforzheimer Brauwesen findet sich der Name Beckh erstmals 1680. Otto Beckh bewirtschaftete damals die Herberge „Zur Höllen", und auch das „Weiße Rösslin" in der Au, das die Flößer gerne besuchten, wurden von einem Beckh betrieben.

Die Ursprünge der Brauerei Beckh sind bis ins Jahr 1855 genau zurückzuverfolgen. Der aus Wilferdingen stammende Christoph Beckh pachtete in diesem Jahr in Pforzheim die Ungerer'sche Brauerei in der heutigen Westlichen Karl-Friedrich-Straße. Ende des Jahres 1855 braute der 27-Jahrige hier das erste Pforzheimer Beckh-Bier. Im 19. Jahrhundert schätzten die Bierbrauer das Wasser der Enz sehr. Bei rund 5000 Einwohnern, die Pforzheim zu jener Zeit zählte, hatten sich elf Bierbrauer etabliert, die ihre Brauerzeugnisse meist nur in den eigenen Gaststätten servierten.

Kontinuierlich vergrößerte Christoph Beckh sein Unternehmen. 1861 erwarb er ein Haus am Marktplatz und errichtete hier eine neue Brauerei. Er baute das Gebäude bis 1862 um, sodass im Erdgeschoss große Wirtschaftsräume zur Verfügung standen. „Beckh am Markt" schenkte bis 1945 herbes Pilsener, vollmundiges Exportbier oder kräftiges, dunkles Bockbier an seine Gäste aus.

Auch fremde Gastwirte bezogen das Bier von Beckh. Der Bierbrauer errichtete weitere Bauten und expandierte in den folgenden Jahrzehnten. Zum Erfolg trug die Erfindung der Eis- und Kühlmaschine von Carl von Linde bei. 1873 hatte der bayerische Professor für Maschinenlehre jene Idee, die gerade für die Bierbrauer eine große Umwälzung bedeutete. Nun konnten Brauer wie Beckh das Bier bei konstanter Temperatur gären. Bis dahin musste man Natureis für die Kühlung einsetzen.

Nach dem Tod Christoph Beckhs 1885 übernahm zunächst der älteste Sohn Adolf, ein gelernter Bierbrauer, das Unternehmen. Sein jüngerer Bruder Christoph erlernte die Braukunst ebenfalls und stieg etwas später in den Familienbetrieb ein. Christoph Beckh junior war es, der eine neue Braustätte im Osterfeld, damals außerhalb der Stadt gelegen, durchsetzte. Errungenschaften modernster Technik und Wissenschaft flossen in die neue Brauerei ein, die 1897 zwischen der heutigen Maximilianstraße und der Westlichen Karl-Friedrich-Straße errichtet und am 6. Mai 1898 eröffnet wurde. Beckh war nun eine industrielle Großbrauerei, die über einen eigenen Brunnen auf dem neuen Gelände verfügte. Insgesamt besaß die Brauerei schließlich drei eigene Brunnen.

Zu Beginn des 20. Jahrhunderts erhielt Beckhs Bier mehrere Auszeichnungen. 1905 wurde eine Flaschenbieranlage eingerichtet. Auch die folgenden Jahrzehnte waren von Vergrößerung geprägt, immer neue Lagerkeller mussten erbaut werden, um die Nachfrage befriedi-

Das Gelände der Brauerei Beckh zwischen der heutigen Maximilianstraße und der Westlichen Karl-Friedrich-Straße.

gen zu können. 1923 wurde die offene Handelsgesellschaft in eine Familien-Aktiengesellschaft überführt. Ein Jahr später übernahmen die Enkel des Firmengründers, Adolf und Dr. jur. Christoph Beckh – sie trugen die Vornamen ihrer Väter –, das Unternehmen. In Pforzheim gab es zu dieser Zeit zahllose Brauereien, doch Beckh bestand am Markt.

Der Zweite Weltkrieg bedeutete einen großen Einschnitt für das Familienunternehmen. Zwar blieb die Brauerei nach dem 23. Februar 1945 nahezu unbeschädigt und produzierte schon kurz nach Kriegsende nicht nur das eigene Bier, sondern auch das der beiden Wettbewerber Brauhaus und Ketterer, deren Anlagen den Luftangriff nicht so gut überstanden hatten. Tiefe Wunden schlug der Krieg aber in die Familie Beckh. Adolf Beckh und seine Familie starben bei dem Angriff. Dr. jur. Christoph Beckh war Soldat. Da man zunächst die Hoffnung hatte, dass er überlebt haben könnte, übernahm 1945 Walter Saacke, der Schwiegersohn Christoph Beckhs, die Leitung der Brauerei kommissarisch. 1947 war dann Gewissheit, dass Christoph Beckh aus der russischen Kriegsgefangenschaft nicht zurückkehren würde. Hans Siebert wurde in die kaufmännische Leitung berufen. Damit oblag die Unternehmensführung erstmals einer Person, die nicht den Namen Beckh trug.

Dennoch entwickelte sich die Brauerei gut. In den 60ern erwarb dann die Heilbronner Brauerei Cluss die Mehrheit des Aktienkapitals, was augenscheinlich keine Veränderung in der Arbeit vor Ort bedeutete. Allerdings wurde Cluss 1982 von der Stuttgarter Brauerei Dinckelacker aufgekauft – und damit gehörte auch Pforzheims älteste Privatbrauerei plötzlich zu Dinckelacker. Im Frühjahr 1983 wurde in der Maximilianstraße das letzte Bier gebraut.

Das war umso beklagenswerter, als drei Jahre zuvor das 125-jährige Bestehen von Beckh noch groß gefeiert worden war. Im Jubiläumsjahr 1980 hatten die Pforzheimer über 200 Millionen 0,3-Liter-Biere der Marke Beckh getrunken. Die traditionsreiche Brauerei wurde geschlossen, obwohl sie schwarze Zahlen schrieb. Und so hatte Beckh über ein Jahrhundert lang Kriege, Krisen aller Art und sogar den Luftangriff überstanden, nicht aber die neue Zeit. Die Beckhs-Trinker mussten sich an eine andere Marke gewöhnen. Manche von ihnen haben bis heute alte Beckh-Krüge in ihrer Sammlung.

Doch damit war die Tragödie noch nicht zu Ende. Dinckelacker verkaufte das Beckh'sche Gelände an das Möbelhaus Albert Heiland aus Gelsenkirchen, das hier neu bauen wollte – was bedeutete, dass die Brauerei abgerissen werden musste. Viele Pforzheimer waren empört, denn mit dem Abbruch ging ein Stück Stadtgeschichte verloren. Denkmalschützer setzten sich dafür ein, das Gelände zu erhalten, doch ihr Protest blieb erfolglos.

Zwischenzeitlich hatte das Möbelhaus Heiland einen anderen Standort auf der Wilferdinger Höhe ins Auge gefasst, was zu einem Stopp der Arbeiten auf dem ehe-

Bierkrüge der ehemaligen Brauerei Beckh.

maligen Beckh'schen Gelände führte. Als das Unternehmen dann in Konkurs ging, lag die Brauerei, halb abgerissen, über Jahre hinweg brach. Anfang der 90er-Jahre übernahm das Versandhaus Bader, das seinen Hauptsitz in der Maximilianstraße hat, das nahe gelegene Grundstück und baute dort neu.

Was selbst die Brauer des Beckh-Bieres wahrscheinlich nicht wussten, ist, dass die Mauer ihrer Brauerei für einige Pforzheimer mit besonderen Erinnerungen verbunden ist. In den 30er- und 40er-Jahren, vielleicht auch später, wurde die Sandstein-Mauer als geheimes Versteck für zahlreiche Botschaften genutzt. Sie diente den Schülerinnen und Schülern der Osterfeld-Schule als Möglichkeit, sich auszutauschen. Täglich versteckten sie kleine Zettel mit Botschaften in den schmalen Ritzen der Mauer. „Jeder hatte seine feste Nische", erzählt eine damalige Schülerin. „Das war wie ein privater Briefkasten."

Handgefertigte Goldstadtwitze
„Kapo und Polisseuse"

FRAGT MAN PFORZHEIMER in den besten Jahren nach
„Kapo und Polisseuse", so bekommt man bis heute zu-
nächst eine Antwort: ein strahlendes Lächeln. Als zweite
Reaktion erzählen die Befragten meist ihren Lieblings-
Kapo-Witz, denn obwohl die Reihe vor über 35 Jahren
eingestellt wurde, hat sich jedem die eine oder andere
Pointe im Gedächtnis festgesetzt. Von 1953 bis 1973 er-
freuten sich die Leserinnen und Leser des Pforzheimer
Kuriers über den „Kapo-Witz der Woche", den der be-
kannte Maler und Grafiker Rainer Mürle illustrierte.
„Kapo und Polisseuse" waren so beliebt, weil sie un-
verkennbar auf die Goldstadt bezogen waren. In keiner

Rainer Mürle illustrierte „Kapo und Polisseuse".

anderen Stadt hätte dieses Format eine solche Erfolgsgeschichte erlebt – und das hat viele Gründe: So sind die beiden Hauptfiguren, der Kabinettmeister und die Poliererin Pauline, zwei Prototypen der Pforzheimer Schmuckindustrie. Und natürlich unterhalten sie sich im Pforzheimer Dialekt. Nicht zuletzt erschienen die Kapo-Witze zu einer Zeit, in der die Traditionsindustrie florierte. Tausende Stellen in den Schmuckberufen blieben unbesetzt, man holte Arbeitskräfte aus dem Ausland, um die Nachfrage nach Pforzheimer Schmuck und Uhren befriedigen zu können. Mitte der 60er-Jahre kamen statistisch für jede junge Frau, die Poliererin werden wollte, zehn Lehrstellen infrage. Der Beruf wurde hauptsächlich von Frauen erlernt.

Als die ersten Witze dieser Reihe erschienen, waren die Folgen des Krieges in Pforzheim noch offensichtlich, die Innenstadt voller Ruinen. Die beiden Figuren spiegeln daher Zeitgeschichte wider, präsentieren Wiederaufbau und wirtschaftlichen Aufschwung aus einer besonderen Perspektive.

Szenen des Alltags stehen im Mittelpunkt der Witze, politische Themen werden nicht angeschnitten. Selbst Bezüge zu Ereignissen in der Stadt findet man selten in den Kapo und Polisseuse-Episoden, so als der Kapo anlässlich der Abschiedsfahrt der Pforzheimer Straßenbahn eine schwarze Krawatte anzieht. „E Epoche wird begrabe" ist sein Kommentar dazu. Meist besprechen Kapo und Polisseuse ihre Arbeit in der Schmuckfirma oder private Angelegenheiten. Und dabei zieht mal der Kapo, mal die Polisseuse den Kürzeren, weil die Pointe meist auf Kosten des anderen geht.

Obwohl jede der Figuren kaum mehr als einen Satz Text pro Witz hat, erfuhren die Leserinnen und Leser im Lauf der Jahre sehr viel über den Kapo und die Polisseuse Pauline. Der Kabinettmeister ist gelernter Goldschmied und leitet die Schmuckfertigung, seine Aufgabe besteht darin, die gesamte Produktion zu überwachen. Er genießt es, im Arbeitsalltag das Sagen zu haben. Mit seiner Firma identifiziert er sich so sehr, dass er aus seiner Sicht zum Erfolg mehr beiträgt als der Firmeninhaber selbst. Überhaupt hat der einen schönen Beruf, verrät er der Polisseuse, „i waiß koin, wo mer von meh Sach weniger wisse muß". Auch Paulines Beschwerde, der Chef sei oft in Urlaub, verbittet er sich: „Des will i dir sage, wenn der net ab un zu e paar Woche fort wär, wäre mir scho lengscht pleite."

Dem Kapo rutscht im Ärger auch mal ein „wüschtes Wort" raus, er kann richtig „bös" werden, wenn ihm was nicht passt. Aber im Grunde ist er doch ein guter Kerl. Aus dem Privatleben des Kabinettmeisters weiß man, dass er verheiratet ist – und zwar mit einer Frau, die große Ansprüche an ihren Gemahl stellt und sich etwa einen zweiten Pelzmantel wünscht.

Ein Kapo verdient nicht schlecht, und so überrascht nicht, dass der Kabinettmeister sowohl zu den Häuslebauern als auch zu den Aktienbesitzern gehört. Und ein Auto kauft er sich, was verständlicherweise dazu führt, dass er nicht mehr zu Fuß unterwegs ist, denn „wenn i jetzt emmerno spaziere geh, no merke d Leud jo garnet, daß i e Audole hab". Selbst kostspielige Güter wie Waschmaschinen oder Fernseher erwirbt der Kapo im Lauf der Jahre und freut sich: „alle Störunge, wo i bisher in meim Radio emmer bloß ghört hab, kann i jetzt sogar seh!"

Ein sympathischer Charakterzug des Kapos ist, dass er gerne isst. Butter etwa mag er so sehr, dass er sie sich auf beide Seiten des Brotes schmiert, denn ihm ist, wie er Pauline erklärt, „mei Gosch onne so lieb wie owwe". Als Genießer baut er Wein selbst an – der Kapo nennt einen Wengert sein Eigen. Doch einem Bierchen ist der Kapo deshalb keineswegs abgeneigt, ab und an ist es vielleicht eines zu viel, was ihm Pauline gerne unter die „rode Nos" reibt:

Zeichung: Rainer Mürle

„Gestern obend hab i Sie gsäh", sagt Pauline zum Kapo, „do sin Sie vom Stammlokal hoim gange wie de Blitz."

„Hano", sagt der Kapo, „so schnell wird's grad net gange sei."

„Schnell net", sagt Pauline, „awer em Zickzack."

Zu seinen negativen Eigenschaften gehört sein Geiz. Pauline lässt er für den Hund „Wurschtzipfel" holen, die aber nicht zu fett sein dürfen, weil ihm – dem Kapo, nicht dem Hund! – ganz schlecht geworden sei davon beim letzten Mal. Hat ein Mann seines Berufsstandes das nötig?, fragen sich die Leser schmunzelnd. Und als er der Polisseuse verspricht, dass sie „ebbes" kriegt, wenn sie ihm Material aus dem Keller holt, weiß Pauline, dass es sich dabei höchstens um „dreckiche Händ" handeln kann.

Tatsächlich hat der Kabinettmeister auch eine sensible Seite. So trägt er eigene Kunstwerke zur Weihnachtsausstellung des Kunst- und Kunstgewerbevereins bei und schreibt Gedichte. Pauline freilich nimmt das nicht ganz ernst. Überhaupt hat Pauline eine freche Art, mit ihrem Chef umzugehen:

„Was maulsch do vor di no", sagt der Kapo zu Pauline, „i hab grad no Rindvieeh ghört, hasch do vielleicht mi demit gmoint?"

„Aeh wo", sagt Pauline, „oder moine sie, sie wäre s oinzige Rindvieeh dohin?"

Als Facharbeiterin ist Pauline selbstbewusst und weiß genau, dass ihr Kapo auf sie nicht verzichten kann. Wie der Chef ist Pauline gefräßig, was ihre Figur nicht vermuten ließe und worunter er manchmal zu leiden hat. Als er ihr zwei Zehnpfennigstücke in die Hand drückt, um für ihn und sich eine Brezel beim Bäcker zu holen,

kehrt Pauline kauend wieder, gibt dem Kapo einen Zeh-
ner zurück und sagt ihm freundlich: „S' hat laider blos
no oine ghett." Auch von der „Wurscht", die sie für den
Kapo einkaufen muss, fehlt ein Stück, weil sie es unterwegs gevespert hat.

Und nicht nur mit kleinen Streichen lässt die Polisseuse
ihren Kapo spüren, dass sie es nicht allzu genau nimmt
an ihrer Arbeitsstelle. Regelmäßig kommt sie zu spät zur
Arbeit oder erscheint unter einem Vorwand gar nicht.
Und wenn sie da ist, unterhält sie sich während der Ar-
beitszeit ausgiebig mit Kolleginnen oder sie arbeitet
langsam und träumt dabei weg:

„Sag emol Pauline", fragte der Kapo, „was
machsch denn du aigentlich sonntags?"
„Ha", sagt Pauline, „aigentlich nix."
„So, so", sagt der Kapo, dann möcht i di druf uf-
merksam mache, daß heut Montag un nicht Sonn-
tag isch."

Dennoch ist der Kabinettmeister mit ihrer Arbeit offenbar zufrieden, denn immer wieder erfahren die Leser, dass Pauline um ein paar Pfennige „aufgebessert" kriegt. Vielleicht hat das damit zu tun, dass sie sich, wenn Not am Mann ist, für keine Arbeit zu schade ist. So muss sie einmal ein schweres Paket zur Post bringen. Ein gut gekleideter Herr trägt ihr das Paket und lässt dem Chef ausrichten, dass eine junge Dame nicht so schwer schleppen sollte. Worauf Pauline gesteht: „Mei Kapo had gsagd, ha, wersch onnerwägs scho so en Seggl fenne, wo dir des Deng do dragd."

Pauline verdient genug, um sich bescheidenen Luxus wie Lippenstift oder Nylonstrümpfe leisten zu können. Ein bisschen naiv und ungebildet erscheint Pauline manchmal, aber gerade das macht sie liebenswert:

Pauline und der Kapo sind im Reuchlinhaus, im Schmuckmuseum und sehen sich die alten Schmuckstücke an.

„Do guck her", sagt der Kapo, „des Ringle dohanne, des hat vielleicht schon die Cleopatra am Fengerle ghet."

„Des do", sagt Pauline und betrachtet das Ringle, „ja moine Sie wirklich, daß die Cleopatra emol in Pforze war?"

Pauline mag Kunst, manchmal trifft sie den Kapo zufällig in Ausstellungen. Außerdem lernt sie eine Fremdsprache, liest viele Bücher und weiß deshalb auch, so sagt sie dem Kapo, „warum Sie Ihr Frau immer Xanthippe heiße – wahrscheinlich moine Sie, mir däde Sie no für de Sokrates halde". Sogar Klavier spielt die Polisseuse und besitzt ein eigenes Instrument, auf das sie sich die Büste eines Vorbildes stellen möchte. „Do nemmsch am beschde de Beethove", rät ihr der Chef, „der war glaub i taub".

Ab und an wird ihr Freund Karle erwähnt, den sie heiraten will. Allerdings streitet sie sich mit ihm gelegentlich und teilt ihr Leid mit dem Kapo, der sich für Paulines Sorgen aber nicht sehr interessiert:

Pauline hat während der ganzen Vesperpause mit dem Kapo gequasselt.
„Wisse Se, des dud mir richtich gut, wenn i mi emol richtich ausspreche kann", sagt sie, „i hab vorhin so 's Kopfweh ghet, on jetzt isch 's weg."
„So", sagt der Kapo, „dofür hab jetzt i 's."

Der Mottenkäfig spielt bis heute „Kapo und Polisseuse"
zu verschiedenen Anlässen.

1973 erschien die 1000. Karikatur, mit der die beliebte
Serie eingestellt wurde. Doch „Kapo und Polisseuse"
blieben den Pforzheimern in guter Erinnerung. 1989
zeigte Rainer Mürle im Rahmen der Ornamenta I Origi-
nal-Illustrationen, zwei Jahre später erschien ein kleines
Büchlein, das 60 der Kapo-Witze enthielt.
Im September 1974 konnten sich die Anhänger von
„Kapo und Polisseuse" außerdem über eine besondere
Premiere freuen: Rainer Mürle, der sich auch für die Ma-
rionettenbühne Mottenkäfig engagierte, hatte anhand
seiner Zeichnungen Röhrenpuppen entwickelt, die nun
als „Kapo und Polisseuse" das Publikum begeisterten.
Bis heute spielt der Mottenkäfig mit diesen Figuren in
unregelmäßiger Folge kleine Szenen, die zum jeweiligen
Anlass – Firmenjubiläen, Geburtstage oder Feste in der
Stadt – geschrieben werden.